AQUARIUS

AQUARIUS

AQUARIUS

AQUARIUS

Catcher

一如《麥田捕手》的主角，
我們站在危險的崖邊，
抓住每一個跑向懸崖的孩子。
Catcher，是對孩子的一生守護。

母親，是另一所學校

米媽 ｜ 著　「米家的慢走與樂活」部落格

推薦序／米家的慢走與樂活

朱宗慶（國立台北藝術大學校長）

米家的親子生活讓大家欽羨，可謂人人夢想中家庭生活的「夢幻逸品」。看米媽和小朋友的互動和教學相長，居家手作的恬靜，和逸仔和昕仔的科學實驗，和小朋友的單獨出遊約會等等，可以看出米媽米爸對小孩的用心和貼心，全文讀來興味昂然，很是享受。

子女真的是父母的驕傲，我覺得自己的做事態度也是從女兒出生後才開始柔軟起來的，女兒讓我慢下生活的腳步，嘗試了許多新鮮事。不管是她很小的時候，協助媽媽幫她洗澡、半夜起床泡牛奶、帶她去百貨公司的遊樂園玩、她感冒不舒服時安慰她哄她睡覺、為了她中午回家吃飯和減少應酬……。有時候，則是她做什麼，我做什麼；當她故意唱反調時，我則忙著查書看如何應對解決這種行為。我的家庭生活就是由這一點點小小的歡樂片段所串起，快樂而滿足！

女兒真的很可愛，一個小女生每天都有稀奇古怪的想法與舉動，一陣子愛做鬼臉，一陣子愛趴在地板上，野翻天了，吃東西時卻又很幼秀地小口小口咀嚼，或是在吃飯時不停發表意見。她很喜歡大人唸書給她聽，也很愛自己看書，一拿起書本就欲罷不能。常聽到其他父母誇獎自己的小孩有多厲害，其實我也有過同樣的感受！每天看著小女兒快樂長大，這就是我作為家長的滿滿成就，所以，我很能體會米媽和米爸的心情。父母總是希望能給下一代最好的，把最寶貴的時間留給子女，陪伴他們度過精采的童年。

親子相處是一種相互學習，我們言傳身教子女，子女也教育我們！小朋友天真好動，每天都有新鮮事和爸媽分享，也常常蹦出有如哲人般的覺察和發人深省的智慧話語，教大人上了一課，使我們覺察自己忘卻或忽視已久的想法和價值。透過孩子，得以再見清明的自己，也常從他們的一些舉動和反應中，看見小時候的自己，驀然發現自己的生命被圓滿了！

米媽心思細膩，文筆恬靜，每篇文章洋溢著濃郁的情感，寫情說理皆引人入勝。閱讀她對於生活的感性體悟和不同的觀察，我們也省思了自己，興起了將生活過得更好更有品質的決心與動力。米家的生活趣事躍然紙上，米家的新發現持續激盪中，正在學做爸媽，或者已是爸媽的讀者不妨一探究竟，欣賞他們「慢慢走、慢慢熟的生活」！

自序／自在的節奏

父母與孩子的相遇，像是一首歌。有時，孩子是主旋律，父母是伴奏。為了讓旋律自在的演奏，我們特別小心……小心地低吟，深怕打擾了孩子與我們之間的默契與呼應。

感受著音韻之美，平凡無奇的聲音也能組合出前所未有的奇妙節奏。

歌是否能唱得好聽與怡然自得，需要考慮歌唱者是否有著勉強的音域。有一句廣告詞叫「天然的最好」。面對一個教育新思維的時代，不知從何時起，開放與多元成了一種理想，對制度與生活環境卻挑剔得令人無所適從！

對孩子的教育，有人說像是植栽，需要細心地呵護。

季節的循環，與生命的律動有著相互影響的關係。天體的運行、四季周而復始的變化、日夜交替的現象，讓我們看見造物的規律性。

生物擁有自己的步調，從容造就了堅強，並以自在的節奏穩穩成長。

教養也像是服裝設計，透過溝通與量身打造，設計一個專屬於自己家庭的剪裁與質地。有人喜愛簡單，喜歡舒適與耐穿。有人喜愛新潮，一切以品牌為主，不論是否合適，搭配在身上帶來一種安全感。

而我認知的美麗，不一定好看，而是混搭、有趣、好玩，透過創意與了解自己、風格所帶來的美感。

想要自信，需要先了解自己。了解自己，也會了解適合自己的風格。了解自己，也會懂得欣賞別人的美麗。巧思，讓沉重逐漸輕盈，讓情緒逐漸明亮。我用這樣的想法，延伸至我的生活態度與教養觀。

而我更深刻地感受孩子的養育，像是建造房子一般，需要有著通風、採光……用心地體會與思考，思考如何和諧地與生活的環境相互協調，才能營造一個舒適且自在的居所。

樂活，對我而言，有著捨棄繁複與華麗之意。以簡單生活親近自然，在忙碌快速的步調中找到喘息的空間；有著健康與永續的生活態度，讓身心靈回到平靜的節奏。

我的年輕歲月在國內外東奔西跑。物質導向的文化，讓我一度對擁有的成果不滿足，總覺得還要更多，才會讓自己開心。

那敏感的神經在進入工作狀態時，就像偵測機一樣，注意著環境、人事的異動，分析著得失，沒有好好放鬆。

我站在回憶窗口，想著這些年來求學、教學、工作所遇見與交織的故事：

希望被父母認為是個好孩子；

希望贏得信賴，渴望被依賴；

看似自信，卻需要鼓勵與打氣；

看似勇敢，卻常懷疑自己；

想找個肩膀當手帕，可以用力生氣、哭泣；

明明被愛，卻無法成為理想的兒女……

這些故事一度讓我有了一個疑問，「愛」真的能修補任何一個殘缺的縫隙？

舞台，需要呈現最美好的那一面，將真正的自己隱藏。

然而，無論掌聲多麼熱烈，多麼華麗，終究要走下台，面對真實的人生。

母親與孩子的關係是真實的，它無法用燈光、化妝粉飾，因它就是真實的生活，甚至沒有掌聲。

孩子，像是個鏡子。透過鏡子的反射，看著我所習慣的晦澀與任性，從小建立的生活價值也隨之粉碎或動搖……

孩子那雙毫無陰霾的澄澈雙眼，為不斷修正腳步的我帶來勇氣。我真正開始學習逐一面對生命中的失去與寶貴，換得思考的開端。

各種學說都可以解釋生命的結構，信念是一種重要的信仰。它，讓你在大海中面對風浪時，仍能昂首航行。我稱這種信仰為生命的價值觀。

我想，我在美好的南台灣透過自省、生活而慢慢釋放。以土地與生活作為起點，以A地思考B地，我看見許多珍貴的經歷。從B地回到A地時，也看見原來的A地已不再是原來的樣貌，這是一種特別的經歷。

孩子的老師不再只有我們，他們是我們生活中的每一個相遇。回想著初初離開居住的台北，離開自我求學以來的深刻情感。

台北，有著混濁的天空與吵鬧的噪音。推開窗櫺，雖有著樹蔭，卻沒有小鳥的飛翔……眼前，盡是交錯的電線與直立的電線桿。

生活，需要靈魂，不需要媚俗或討好於無法忍受的遊戲規則，也需要適時地抽離一些光環。離開，成了一種自由、一種期待。每一種生活體驗，都是一種旅行，它讓你專注地與風景對話。

當響徹雲霄的掌聲消失時，剩下的是生活中、土地裡的味道與情感。踏實，成了最珍貴的稀罕。

有些人，幸運的在人生、事業上擁有一些優勢，然而步入中年後，卻發現優勢無法使他快樂。

快樂的來源，往往是腦海中的一個念頭。生活，沒有好與壞，最重要的是喜歡！如果二十分的生活可以開心，那麼每天的二十分便是一百分。

最近，孩子閱讀了一本《怪博士與妙博士》，文章其中一個段落很有趣：「世界上有許多聰明人，有些喜歡住在豪華大廈，天天在電梯裡上上下下跟人比身高；有些喜歡蒐集掌聲，到哪都想聽見閃光燈咔嚓咔嚓響。不過，也有一些聰明人，喜歡住在地圖上找不到的地方，成天想著奇奇怪怪的事。在他們的腦袋裡，生命就像一場神奇的大魔術，生活就是要好玩。」

鄉間，有著許多認真；憑著一股單純認真生活的人們，對土地有著一份美好的心意。冬陽灑落在飄落的櫻花細雨間，秋風吹拂著菱角田，春雨看著白鷺鷥飛翔於阡陌之間，我們經歷著變換的四季，顯現這片土地的富饒。

經過海岸線，看見頑強的石頭，在海風的吹蝕下保持平衡，經過歲月的累積，成了一種特別的形狀或質感。

碉堡，與藍天、白雲，恰如其分地與山脈、海岸線營造出融洽的視覺。藝術的生活與在地的旅遊，成了記錄生活的美好，也收在記憶盒裡。

進入童年的記憶鑰匙，是我真正想給予孩子的禮物，握在他們手中的不再是一個對土地陌生的異鄉人。成長後的他們，可以回到底層的記憶中，品嘗曾經曬著陽光，聞著花香與溼氣，那曾經擁有的美好滋味。

這些美好的記憶，我相信可以陪伴他們可能會經歷的低潮時刻。

如果我是農夫，我渴望培育出值得等待的幸福滋味。這些美好成了生活的一部分，記憶中有著專屬米家的味覺。

生活中，有許多說不出偉大的價值或具體功能，卻能讓人感到心動。

孩子總愛調皮，而成人的我們卻忘記，曾經從這些怪裡怪氣或小玩意兒中得到滿足與想像力的自己。孩子的作品，反映著生活中的驚喜。我常在孩子DIY的作品中，看見眼底出現活潑亂跳的色彩，喚起的竟是我身體裡沈睡的夢想羽翼。

孩子在草地上躺著，他們的心裡有著廣大世界的縮影；這裡頭蘊藏著一種定律、自在的節奏，不管是整隻手還是一個個關節，都象徵著這個世界的道理，並且蘊含著力量。

我們所發出的聲響，是遍佈各地力量的縮影，是追求生活的深刻與鼓勵，帶來真實的體驗與感受。

每個孩子，有著屬於自己自在的節奏。將眼睛閉上，就能聽見真正的聲音。簡單專注的聆聽，就能感受到平凡中的用心。

慢活，讓呼吸的韻律變得緩慢，而世界正等待著孩子以專注的視角與冒險的精神前往探索。

消失的古亭畚成了心裡記憶的圖騰，農耕車在田埂上留下痕跡，黑面琵鷺與白鷺鷥從田園飛過，在心裡刻下田園生活的印記。

在地的故事，是一首生命之歌。

我的謙卑，便是從這裡開始……

母親，是另一所學校

目錄

part 2 生活的資優生

part 3 五感的生活

part 4 生命之約

Part 1

不要害怕輸在起跑點

給女兒的一封信

媽咪想告訴你：「逸仔，所有的比賽，都可能只有一個第一名；但是，人生不應該永遠只把『第一』當成重心；許多的過程，都是努力、都是累積，這是一種態度、一種學習。」

My逸：

我知道你今天心情有好一些了。

這段時間以來，媽咪總是在背後看著你的努力：看著你早晨起床刷牙洗臉時，不忘對鏡子練習咬字與表情；看著你睡覺前，仍不忘拿著英文小書本，反覆閱讀著一排一排的英文字句、單字與單字間的段落與呼吸。

媽咪，享受著你認真的表情。

我知道，你對自己的責任感與期許，是來自內心深處對父母辛苦工作的貼心，還有想對自身能力的肯定與榮譽。這一切的辛苦，媽咪都看在眼裡。

也許，你的心裡對媽咪有些許的責怪，如同你常常猶疑的問著我：「媽咪，我還有哪裡需要加強的嗎？」「媽咪，我的發音好嗎？這樣對嗎？」

而我，始終用著笑臉掩飾我的不安，因我腦中思考著：孩子，我願意給你愛的鼓勵，卻不願意因著我的肯定或否定，決定了你前進的方向。

我覺得，你應該有屬於你的聲調與表情，你應該有屬於你這個年紀應該有的肢體。

昨天跟你說了很多，也許你還不能接受，但是你今天比較冷靜，應該好很多了吧！而且，今天天氣放晴呢！你呢？今天的心情也放晴了嗎？

當比賽結束，宣佈成績時，媽咪看到你笑咪咪的跟Jasmin說恭喜。

我知道那個恭喜是真心誠意，是發自你內心的肯定與讚許，但我也知道那個笑容很失落，帶有一些壓抑。

所以，當你直直跑過來，抱住我肩膀。你的頭不願抬起，我知道你在哭泣。即便，你擔心著我的擔心，直說「沒關係」。你的貼心，讓媽咪有些揪心。

回到家門口，看著你豆大的眼淚一直滴、一直滴……媽咪雖然覺得心疼，但想到長大的你，懂事的你、肯定朋友能力的你，心裡頭滿是開心。

媽咪想告訴你，所有的比賽，都可能只有一個第一名；但是，人生不應該永遠只把「第一」當成重心；許多的過程，都是努力、都是累積，這是一種態度、一種學習。

我期待你，得了功勳，學習謙虛，如果沒有得獎，就學習繼續努力，保持熱情。**我期待你，能學習在沒有掌聲下，學會肯定自己的努力。**因此，媽咪在比賽後問你：「在準備的過程中，你可以好好想一想，你有了什麼經驗，是以前從未有的經歷？」

這是一個很重要的課題，因為無論得或失，「調整情緒」都是人生很重要的功課。媽咪沒有參與，是因為媽咪認為這是自主學習的好機會，我想讓你學習自己經營，這樣，成績才是你自己爭取的。

也許你不明白，為何媽咪總是坐在一旁笑臉望著你？其實媽咪很喜歡與你共同擁有的這段美好時光，除了「欣賞」你的努力，媽咪實在不願意以成人的角度切入你的練習。

我想讓你明白，媽咪的角度與你的角度不同。你的學習與練習，媽咪想適時的放手，因為媽咪擔心著自己強烈的判斷，會主導了你渴望的認同感。所以，媽咪昨天聽你說起整個準備過程：知道你每天下課後主動找老師矯正略帶腔調的發音，請老師與同學幫忙調整你的肢體動作表情等等，我感動著你的努力。

比賽的這一天，你迫不及待的邀請爸比與媽咪前往。我知道，你迫不及待的想呈現你的努力成果；我知道，在你天真無邪的笑容裡，有著胸懷壯志的積極；在你躍躍欲試的閃亮小眼睛中，有著滿滿的學習熱情。你花了這樣多的心思、努力，你讓媽咪訝異與驚奇：「哇，my逸長大了。」

媽咪喜歡你昨天上台的充滿自信。我看著些許逞強，卻強裝笑容說著「不緊張」的你。當你結束演講，帶著笑咪咪的表情，夾帶著大口呼吸的鬆一口氣時，也讓媽咪跟著放下緊張的心情。

看到你在欣賞的參賽同學上台前，總不忘給他們一個加油打氣，而同學下台後，你也沒忘再來一個大拇指的鼓勵。

my逸，你讓媽咪真的看到不一樣的你。你的小小腦袋與表情，讓媽咪充滿了驚奇。面對得失心，真的很不容易，尤其這次的經歷，媽咪知道你想為自己轉學前留下一個美好的紀錄與回憶。

你欣賞著Alvin那位男孩，而媽咪欣賞著站在逸旁的那位女孩，他們都有著好口才，內容也說得精精采采，但是，他們都在意料之外，而得第一的同學，卻遠遠超出我們的料想。因此，比賽得獎是無法強求的，但自己一定要盡心盡力。

只會做夢，而沒有行動力，不會有美麗的感動。

學習過程有許多值得深刻反省，但不要只為了滿足「功利」的目的。得獎的功勳，就留給天意，你要對自己不放棄，對自己有自信，這是媽咪希望你學習的。

這次的演講比賽，你的台風很穩健，沒有被台下看出心裡的緊張和畏懼，這一點對於舞台上的呈現，真的是一個很值得鼓勵的地方。

但你的演說，口語重音有些多，特別是句尾的結束音。因為英文的說話聲調與中文不太一樣，關於這點，還有更大的空間可以改善，請你繼續好好努力。

有一句話說：「好朋友，就像是手帕的關係。辛苦流汗時，為你擦去額上的汗水，難過時，為你擦去臉上的淚痕……」

逸，媽咪不只是你的母親，也是你的朋友。

媽咪對你的愛，不會因為得獎就多一些，沒得獎就少了一點。

你要相信，爸比與媽咪對你的愛，從今時到永遠，不會改變。

忍耐不出手的學習

「放手」是父母之間常討論的教養話題；「不隨便出手」是父母教導孩子面對同學之間打架或爭吵的一種智慧，而「忍耐不出手」是我學習的一門功課。

昕仔最近弄丟了學校路隊的臂章。它是使用用藍色的布料所縫製，上面有著大大的白色的字體。奇怪的是，它總是好好的躺在昕仔的書包裡，我也曾目睹它掉在車上的後座上，但從沒聽昕仔說它不見了。

這件事，在孩子的心上掛了一個星期。我約略知道孩子跟學校老師反映後，老師說：「要自己想辦法，看看有什麼方法可以解決。」

昕仔對於金錢的概念是相當保守的，「只進不出」與「能省就省」是他的原則。不

嘉義新港板頭村。

願意花錢購買新臂章的他，很有自信的跟老師說：「我會自己縫一個。」

這件事情，我只約略聽到孩子提過。我按捺著不出手，等著他的「求救」，但也許，昕仔會找到更好的方式解決這個問題。

這件事情讓我回想起念書時期。那時，我因為腸胃系統不好，所以母親從沒讓我帶便當到學校蒸過，我也從不曾吃學校預訂的營養便當。

我的母親總是風雨無阻的送便當到學校。便當裡有豐富的飯菜與湯品，還有幫助消化的水果。對於從小習慣「媽媽愛心」的我，就這樣吃著媽媽的愛心便當好多年。

有一次，我忘記帶美術課需要的水彩用品，我心裡充滿自信的想著：「沒關係，美術課是下午的，我可以請媽媽中午送便當過來時，順便將水彩顏料帶過來。」

我在學校打了一通電話，告訴母親，務必「順便」幫我帶水彩顏料的美術課用品，想不到我只收到母親的一句話：「不行，這是兩回事。送便當是吃飯，忘記帶東西是你的事情，要自己想辦法！」

當時聽到這樣語氣的我，只有嘴裡一陣嘀咕與滿肚子的埋怨。想著班上同學的媽媽就算不送便當，也會特地將忘記帶的物品送到學校。而我，從小到大，母親不曾為我送來忘記攜帶的物品，就連身體不舒服，都不允許我請假，還要抱病上課。我開始懷疑，母親是否愛著我？我真的是她的小孩嗎？

就這樣，帶著一張臭臉，等中午用餐時間一到，我便拿著一把雨傘到門口拿便當，那一天，雨下得很大。

我等待著，心裡期盼著母親會給我一個意外的驚喜，她會帶著微笑說：「下次要記得帶喔，沒有下一次囉！」然後我會滿懷感恩的心，快快樂樂的回到教室。

我懷抱著幻想，看到穿著黃色雨衣的母親，拿便當給我，她急忙的說著：「雨很大，湯會涼得快，要趁熱吃……」大雨滴在她眼前的劉海上。

除此之外，她沒有多說什麼，甚至沒有任何關於我忘記帶東西應該要怎麼辦的問候。

對於一個正值叛逆青春期的孩子，他們對父母的不滿通常不會抱怨出來，而是夾帶怒氣的一雙眼。那時，我拿著「媽媽愛心」便當，眼淚從臉上滑下。從此我知道，無論我任何要求，只要是我應該自己負責的事情，母親絕對不會幫我。

直到現在當了母親，我才明白，其實「幫」比「不幫」簡單多了。

「幫」很容易解決眼前的問題，卻可能解決不了我的習慣與個性。

「不幫」也許解決不了眼前的狀況，但卻逼著我要想一想現在該怎麼辦，甚至影響了往後的做事態度。現在的我，每一次出門前，我都會先在腦海裡整理這一天的流程，提醒自己哪些事情不應該忘記。

也許，因著這樣的教育，在我出國念書時，我沒有仰賴親友的安排，就這樣單槍匹馬的到了舉目無親的異地，睡在臨時寄宿的沙發上，找到了黑人區的房子租賃。

對於這樣的歷程，我仍帶有幾分的自信，因為這一段的留學歷程是我拚出來的光榮印記；在一個從「零」開始的異國，言語不甚通暢，我幫自己一步步建立了朋友與生活。

「我一定可以面對所有的可能性與責任。」是我的母親想教育我的，但是她沒有溫柔的擁抱我，或將這樣的關心與期待說出口。

對於生長在那樣年代的母親，「愛你」與「擁抱」是不容易說得出口的。

長大後的我才明白，這是一種溫柔的信賴，是藏在化妝後的祝福與禮物。這個禮物，藏在解決問題的背後。

看著昕仔掛了整個心在臂章這件雞毛蒜皮的事情上。他寫功課時想著臂章，吃飯時想著臂章。我有些看不下去。

「我該不該幫？」

「幫了其實也不會怎樣？」

「我需要如此嚴肅看待一個生活上的細節嗎？」

這些疑問反覆在我的心裡天人交戰。

「你要學習承受孩子可能被學校的師長責罵的心疼與難過……」

「你要接受孩子對你的責備……對你的不諒解……」

「你想要孩子學習什麼？……」

我按捺住自己的急性子，小心的觀察昕仔的反應。他沒有太積極，只把想法放在心裡，與反映在「非常不安」的作息裡。

過了幾天，昕仔忍不住無法解決的困境，希望家人幫忙。他，開始學習求救了。

走在稻草梗上的孩子。

正在編蘭草的昕仔。

我帶著疑惑想著：「這一星期的憂慮肯定讓你很難受。」這一整個星期，是昕仔「把憂慮放在肩膀上」的生活。

一向是好姊姊的逸仔急忙的幫昕仔張羅，詢問何處可以購得新的臂章，卻換來昕仔的一句話：「我不想花自己辛辛苦苦儲蓄的錢。」

說著這句話的昕仔用眼睛斜角偷偷望著我，以為我會說：「那要多少，媽咪幫你出……」

我想，我會讓他的希望落空了，因為這件事不只是「責任感」，還包含了「金錢使用」的價值觀。

我搖了搖頭，說著：「弄丟東西的是你，不是爸爸，也不是媽媽，所以你只能用自己儲蓄的零用錢購買。」

昕仔大概是有備而來，他說：「我就知道你會這樣說，所以我跟老師說我要自己做！」

我不禁心裡疑惑，孩子要如何自己做呢？不諳針線活兒的孩子當然是找媽媽做。

我反問昕仔：「你跟老師說要花多少時間完成？」

這下子，問到重點了。昕仔盤算著媽媽應該會幫忙，所以開口說三天。

我知道，孩子的三天是給媽媽做的時間。

我心裡只浮現了「呵呵呵」三個字，這孩子算盤打錯了。

我知道我的拒絕會帶來他的受傷，但是我心裡的期盼是他能從這件事學到許多。

我說：「你所謂的三天是學會縫臂章的時間嗎？」這句話讓昕仔有些心虛。

我又說：「或者，三天是讓你決定掏出辛辛苦苦儲蓄的零用錢購買遺失的臂章呢？」

後頭的這句話，其實是違背了昕仔「只進不出」的金錢觀。我看到他臉龐有著深皺的眉頭與眼底的委屈。

就這樣，又過了兩天。這兩天中，我看著不說話的昕仔，其實是讓我心疼的。我知道他的腦袋已經被這件事情佔得滿滿，但是他必須做決定。

這個決定是他要挑戰自己的個性，那可能會讓他很不舒服，但這是一個藏在生活細節裡的禮物，我想送給他。

到了星期五早上，昕仔帶著一些猶疑，用一種不是很肯定的語氣說著：「媽咪，我

想了很久，在付錢之前，我想試試看能不能自己做臂章。如果做不出來，我會把辛辛苦苦存的零用錢拿出來買新的臂章。」

聽到這樣的回答，我的眼淚在眼眶裡打轉。

昕仔，正在挑戰自己的個性。對別的孩子而言輕而易舉的事情，對他而言卻是要花上一倍的憂慮與力氣。這件事情，昕仔花了一個多星期，才理出頭緒與決定。

我知道這樣的決定，對生性節儉、不甚大方的孩子是不太容易的。

我說：「所以，你想清楚了？不會再為這件事情亂發脾氣了？」

昕仔點點頭，仍帶著一些憂鬱。

我說：「那麼，你想清楚要如何報告給老師聽了嗎？」

昕仔說：「我會跟老師說，我需要學習如何拿針線和縫布，但是我不知道要多久，所以我會請老師給我一個學期的時間。」

我點點頭，答應教昕仔如何做針線活兒，也告訴他，儲蓄不只是將錢儲放，而是用在有需要的地方。

我給了做出決定的昕仔一個擁抱與親親，這是稱許昕仔勇氣的鼓勵。

在台灣的水果中，我很喜愛巨峰葡萄，本土的香甜感十足。

要知道如何可以讓葡萄更甜嗎？並不是很肥沃，充滿養分的土地。

首先，必須先找一塊水分充分的土地，等待葡萄種子發芽、生長一段時間。這段時期，葡萄樹會將土地上充足的水分吸收完畢，緊接著葡萄樹必須忍耐被吸收完水分的乾旱土地，讓樹上的果實凝聚糖分，使得收成的葡萄擁有足夠的甜分。

葡萄的培育過程讓我想到孩子的成長過程。

並非最好的栽培與養分，就一定能結出纍纍的果實。豐收，在於是否能「忍耐乾旱」的過程。

當你還少不更事時，曾想過要成為怎樣的大人呢？

你，收到禮物了嗎？

不要害怕輸在起跑點

我讓孩子在7-11與超市學習買東西，他們從找錢中學習加減，也在我給他們購物的預算中，學習物品數量的分配與倍數概念。

每天我們到公園玩耍，在黃昏時候的點心時間，孩子們手裡拿著二十元問著櫃台阿姨：「阿姨，我們想買麵包與飲料，可以給我們一些建議嗎？」

在台灣的父母總是多了幾分焦慮，也許是因為媒體報章的影響，也許是唯有讀書高的教育觀。

我的孩子在進入小學前，並沒有給予各類科目的刻意學習，這當中包括「識字」與「正音」。因為我認為這些能力，是孩子有一天一定能學會的東西。

每個孩子都有著自己的生長時間，也許大人的操之過急反而會壞了孩子的特質與天性。我相信「強摘的果兒，瓜不甜！」萬物的生長必有其時序，不需急著提前學習；得其時，莊稼也必豐收。

但不可避免的，我常遇到一些質疑：

「為何孩子沒有優越的識字能力？孩子在進入小學時，甚至是目不識丁？」

「為何孩子不會背九九乘法與擁有熟練的加減能力？」

「為何他們沒有提前學習英文與ㄅㄆㄇ正音？」

甚至在進入小學前，也常不斷的被各個補習班恐嚇著：「在進入小學前，如果沒有好好學會這些基本的能力，你便落伍了，功課會趕不上，你的孩子會失去競爭力！」

逸仔說：「荷葉上的葉脈是螞蟻的地圖。」

麥可・克萊頓曾說：「恐嚇是達到效果最好的方式，卻是最卑鄙的方式。」

不實的訊息會造成父母的恐慌，導致親子關係衝突與緊張。以訛傳訛的教育方式需要有智慧的父母作判斷與選擇。

以我個人的觀點，從事手工創意的遊戲時，可以讓孩子對事物有多元的連結思考。有靈巧的雙手，就有靈巧的思考。

我們也都知道，在成人世界中，凡事都有先後的順序與一定的邏輯。孩子透過手工藝、拼圖、組裝模型的練習與遊戲，既是一種意志力的鍛鍊，也是創

造力的發揮與學習。孩子藉由這些繽紛作品的建立，呈現出他們對周遭環境的敏感、好奇。

為人母的我，也因著孩子不同年齡的作品呈現，觀察到孩子的視覺與美感經驗不斷在改變。

從小，我就不是一個慢慢來的孩子，效率與速度對我而言是一件最基本的事情：快速將鋼琴練好、功課寫好、考試考好……那麼剩下的時間，我便可以做自己想做的事情。也許正因為這樣的態度，讓我容易失去耐性，也常因不夠沈著而失去理性，更因龜毛的完美主義與效率要求，折騰了在身邊一起工作的夥伴與自己。

但這些習慣，因為孩子的出生，我願

意改變。

孩子，是母親生命中的蝸牛。因為愛他們，我願意放慢自己的速度，接受慢慢熟的學習與教育，用著相同的高度陪同孩子一起看風景。

當然，我們也不應該小看了孩子；孩子，並非我們想像中的簡單。

當孩子處在學習識字的階段時，我沒有強迫孩子背誦字的形與音。因為既然中文是由象形文字演變而來，那麼先了解「形」，是我對學習識字的註解。於是我開始與孩子討論字形的演變，讓他們繪製圖形。

我所添購的書籍《字源演變》，內容有著許多豐富的文字故事，我想讓孩子明白：「文字，不是莫名產生的，而是有著深刻的文化與內涵。」孩子們便是在這樣的故事與圖形的排列中，學會了認字的遊戲。

對於數學，我的認知是，它必須與生活建立

南藝大校園。

實用的關係。

當許多同年齡的孩子忙著學習珠心算、各類數學競賽的演練時……我讓孩子在7-11與超市學習買東西，他們從找錢中學習加減，也在我給他們購物的預算中，學習物品數量的分配與倍數概念。

每天我們到公園玩耍，在黃昏時候的點心時間，孩子們手裡拿著二十元問櫃台阿姨：「阿姨，我們想買麵包與飲料，可以給我們一些建議嗎？」

然後我看著逸仔與昕仔兩人，他們數算著手指，只差沒拿腳趾湊合，再仔細看著每個食物上的標籤，我知道他們正動著他們的小小腦筋。

當大家忙著背誦《千字文》、《弟子規》與《唐詩三百首》時，我和孩子們正忙著散步，忙著流連在花草巷弄間，從大自然中學習觀察。

在生活中，孩子們看著雲端的變化說故事，他們有著無邊無際的想像力。他們用著簡單而真摯的詞彙與圖形，畫下一本本屬於自己的手工書繪本。

孩子們脫口而出的哼唱，我們四處趴趴走的看展覽，這些都是在生活中自然建立的性情陶冶，我們閱讀童話與寓言故事、原住民的神話、歷史故事來取代刻板的教科書。

我希望他們先愛上閱讀，我並不急著建立孩子的造句與作文能力。

我相信，找到「翻閱的動力」是學習閱讀前首先應該做的事情。但是，我認為必須減少課業的壓力，孩子們才有時間閱讀與消化。

當我帶著孩子們閱讀時，通常在閱讀完一段文字後，便開始讓他們自行發揮想像力。因此，我們選擇一些對圖片與文字的關連性、版面的設計、畫面的連貫性都較完整的繪本。我不在乎故事引申了什麼道理，我最在乎的是，閱讀能不能讓孩子有所共鳴。例如《廚房之夜狂想曲》，桑達克讓廚房的瓶瓶罐罐成了紐約的一座座大樓，那是有著點點星際的超現實天空。這是一個取材自日常生活，卻讓孩子極容易聯想且極為出色的創意。

在學前教育的時期，我小心翼翼的建立孩子們應該建立的生活規矩。品格教育是一種內隱的學習，培育期應從小學前的家庭開始。而每個家庭都必須建立一個值得堅持的價值觀，這價值觀在面對外界的思潮洪流中，讓孩子有著不畏懼與坦蕩。

我也思考什麼是真正教育的精神。我所認知的自主學習，是來自對世界與大自然的熱情與好奇。大環境傾向用績效來要求孩子，用圈圈與叉叉的貼紙來管理秩序，於是，「競爭力」是不是已成為一種團體的催眠能力？四周的親友比較，報章與專家的建議，這些都讓家長焦慮，也恐嚇著家長，讓他們擔憂起孩子未來的生存能力。

恐嚇，是一種差勁的教育，也許，孩子的家長更沒有自信。

不幸的是，當孩子不斷被要求寫考卷、被打分數，他們無形中也建立了對一百分的肯定。而這些養成，讓孩子習慣要答案，也喪失了從體驗中學習的耐性。

我認知的競爭力，不是知識懂得的多少，而是對生活的多元與觸角、生命的能量與

台南德元埤荷蘭風車生態村。

平衡發展。我期待著，自主求知精神不是口號，但我也感嘆著，這樣的教育環境，不僅需要有Guts的老師，也需要有Guts的家長。

獎狀與成績，不是全部的教育。也許，我的孩子未來必須參加各類的考試，他們未必能有突出的表現，但我相信，他們擁有足夠的好奇與勇氣來擁抱對世界的熱情。

我想到孩子的老師在我們轉學時，寫給我的一封信。信中她提及，她感謝我們把溫暖的孩子交到她手上。

孩子從一開始的目不識丁，到努力學習後的進步，讓老師開心的在辦公室告訴同事，這孩子的正音是真正出自她的教導。她感謝孩子努力不懈的毅力，並沒有因著起跑點的挫折而喪失對自己的自信。

每一次想到這封信，我就不禁紅了眼眶。對於老師的用心，我只有感謝。

孩子的學習沒有起跑點，當然，學習也沒有終點。

對於獎狀，我引用自朋友Hinlin送給我的《紅色的外套》，書中說：「從外面看的人，只看到誰先到的順位，所以跑得快的同學以順位給獎，但是盡全力的榮譽，是每一位都一樣的。」

「對於跑輸的人，我們要毫不吝嗇給予鼓掌，因為有沒有盡全力只有自己才知道，所以真正的獎狀是自己給的。

我的母親，對我們忍著，她沒有說出『快跑，不要輸』，因為她明白，沒有一個父母不希望自己的孩子跑得比別人快，但是並不是每個孩子都生來具有那樣的能力。苛求那生來就不具有的能力，必然傷到孩子，就算生來具有那能力，若一直催著他快跑，也會使他喘不過氣。盡自己的全力，是我的母親教導給我的功課。」

童年，是人生重要的起點。此時所經歷的，會隨著年齡的增長，成為他們未來的鄉愁與源源不絕的靈感。

競爭力，需要重新被定義。

教育，是寫給孩子未來與生命的樂章，它需要對生活的觀察與體驗。這些累積，會成為他們豐富的感受性。

北藝大的藝大書店。

享受練習的美妙

下列何者是三合院稻埕的主要功能？（1）曬稻穀（2）擺放神桌（3）吃飯（4）飼養牛、豬。

逸仔的答案是（3）「吃飯」，這真的是一個大大的驚訝。

我喜歡分享孩子寫考卷所發生的一些小故事。一般而言，上學後的孩子，當他們拿著期中、期末考卷回家時，父母的第一個反應多數

是看孩子得了幾分，拿了什麼樣的成績。而我，喜歡看學校老師的出題，喜歡研究孩子答案背後的動機。

當我看見孩子寫錯時，我並不會急著修正，我總會先問上一句：「這是你想出來的答案嗎？不清楚的搞懂了嗎？」

記得昕仔有一次拿回考卷，考卷上的問題很有趣，題目是：賣火柴的小女孩故事帶給你的啟發是（1）……（2）……（3）……（4）她很可憐。

當時昕仔直覺的寫下答案（4）。當然，這是錯誤的答案。

當我看見這有趣的答案時，我頑皮的笑著。孩子覺得賣火柴的小女孩在寒冬中，沒有爸爸媽媽的照顧，並且凍死在下雪的冬天裡，直覺上確實會覺得小女孩很可憐。但是我知道，當昕仔的班上同學需要幫助時，我相信孩子不會袖手旁觀。

逸仔則是在一個生活問答題中答了一個更有趣的答案。

下列何者是三合院稻埕的主要功能？（1）曬稻穀（2）擺放神桌（3）吃飯（4）飼養牛、豬。

逸仔的答案是（3）「吃飯」，這真的是一個大大的驚訝。

我想著：「吃飯？這是哪門子的答案啊？」

逸仔卻一副理所當然的說著：「媽咪，我覺得這題目不合理耶？」

「嗯，我想知道你為何選了一個讓我最訝異的答案，我真的很好奇耶。」

「因為，三合院稻埕不只可以吃飯，還可以曬棉被、停放車子、曬稻穀……怎麼答案會只有曬稻穀呢？」充滿自信的逸仔，訴說這疑問時，像是一副隔天要找老師好好請教的表情。

我努力地想著，題目問的是「主要」的功能，那麼次要的可能不算是答案吧？但是，因為我們目前生活的實際體驗，農村的三合院是多功能的，也實在很難用單一選項來選擇答案。

我除了對於逸仔的思考方式感到新鮮以外，我其實更好奇她是在如何「掙扎」的心情下，選了「吃飯」這個有趣卻很實際的答案。

逸仔天真地笑著說，有一次我們開車經過一處三合院的民舍，屋主興高采烈的在中庭辦起了流水席，熱鬧的場面讓我們覺得可以與家人、親戚、鄰居同樂，真是一件美好的事情。

原來，可以與他人「分享」生活空間所帶來人與人相處的歡樂，是孩子心目中的愉悅與理想。

逸仔說：「三合院根本就是豪宅，可以做好多好多的事情……」我發現，在孩子的心目中，豪華與美麗的定義竟與大人如此不同！

對我而言，去觀看選擇答案背後的動機，真的是精采極了。

「考卷的背面，比正面更精采」是我在孩子的考試卷中發現的樂趣。

有一段時間，昕仔很堅持「1」加「0」等於「10」，當時堅持這個理由的他，表情真的很可愛。

如果我是一個問「1」加「0」只會等於「1」的媽媽，對於這樣的答案，應該是

上：菁寮鄉「嫁妝文化節」的版畫體驗。
下：總爺藝文中心「一紙一世界」紙雕體驗。

「你怎麼連這個都不會啊？」的責罵或表情。

那表情將是來自我思考的僵化，反射性的將答案以機械性的方式計算出的結果。

當時的我，因為對於孩子想法的好奇，也因孩子有勇氣的分享，讓我成為了一個欣賞孩子的母親。

昕仔當時用一副理所當然的表情告訴我：「媽咪，你看……1加上0，明明看起來就是10啊！」說真的，這個答案讓我覺得真是驚奇，我真想拍手稱讚他，可以用另一個角度看待數學。

我曾想，還好當時我鼓勵他將想法說出來，否則，若單一只從答案對錯中判斷，未來，他將不會與我分享更多有趣的問題。

原來，昕仔不是挑釁，也不是惡意，他是在「做研究」，而不是搗蛋。

透過孩子的考卷，我得到一種再學習的機會，也因著理解他們的困難，我也得到一些成長。對於成績，我採取的並不是一種輕率的態度，而是少了拘謹與緊張，多了一份從容與自信。我知道，孩子的答案不是不明就裡。

如果我們只懂得走直角，那麼孩子是否只會追隨我們走直角，而不懂圓弧線？

大人如果沒有先解放自己的思考，孩子的想像力要如何解放呢？

改變孩子，是否應該從改變大人做起？

試著想想，孩子為何會給予不一樣的答案？

這些問題，都是我在育兒過程中，反覆思考後對自己的提問。

即便孩子「沒有答案」，但思考過程中的分享，對父母以及孩子來說，都是思想上的一種自由，一種想像力與創造力的培養。

你曾經試過用顏料調整吹泡泡的顏色嗎？這也許只是因著孩子無聊產生的遊戲。逸仔與昕仔並沒有太多時髦的玩具，但正因為沒有太多的物質，所以他們必須動點腦筋，想想怎麼玩才不會無聊。

於是家裡的顏料不只是用在畫畫塗鴉，兩個孩子為了想讓泡泡的遊戲更有趣，所以

將顏料調在混著洗衣粉與洗碗精的泡泡水裡。在有限的三種顏料，紅、藍、黃當中，紅加黃等於綠，紅加藍等於紫……沒想到，顏色的領域被擴充了。

我對創意的學習不只是來自看得見的有形物體，即便是搞笑與無厘頭的言語，都讓我們覺得生活中充滿著樂趣。

逸仔曾問我：「媽咪，大家常說耳熟能詳，對於熟悉的東西耳朵可以很熟，那鼻子呢？有沒有鼻熟的字義啊？」當時聽見這個問題的我，腦海裡只浮現「仰人鼻息」的字眼，我從沒聯想過「鼻熟」，但這是一個多麼有趣的字眼。

我問逸仔：「你是不是想知道或表達什麼呢？」

逸仔用鬼靈精怪的表情說著：「因為我們都必須背誦古代人所寫下的成語，但我們都沒有創造自己的成語，而以後的人還是學古代人的成語，所以我們會被忘記。

「所以，我要創造一個屬於自己的形容詞。」

我在一旁想著，這孩子真是好大的口氣。但是，這是一個多麼富有歷史意義的思考，從古代想到現代，從現代想到未來……

孩子的創意也許違反常理，但大人的我們應該先以欣賞的角度代替責罵，否則，孩子的想像力只會不斷被扼殺。

回想起孩子剛上小學時，孩子的導師曾經問我，多數的家長都希望孩子的作業成績優良，因此都會在孩子完成作業時，仔細檢查。只是，在我孩子的作業本上似乎沒有滿分的紀錄。

我約略知道老師的疑惑，我趕忙解釋：「其實，我每一次都會幫孩子檢查作業，但發現錯誤時，我不予以改正，是因著另一種考量。我考慮著，孩子不理解的地方可能是他聽不懂老師的解說。如果孩子不懂，班上的孩子們也可能不懂……」

現在多數的孩子都上安親

班，預先的教學常常取代學校的教學……我覺得這是一種不太好的循環，因為老師可能無法知道班上孩子的學習與疑問。」

我並非是幫孩子的錯誤找藉口，但是，我希望孩子是真實的理解老師上課的解說……我對分數不在意，關於這一點，我與孩子已先行溝通好，他們知道**真正的學習是在腦袋裡的累積，而不只是考卷與獎狀的爭取**。

老師訝異著我的想法，告訴我現在很少有父母親會這樣看待孩子的學習。特別現在是一個面臨強大競爭力與少子化的社會，許多父母為了成績的多一分、少一分斤斤計較，也讓孩子們承受著許多壓力。

我也坦承，因為我教學的環境有著這樣的問題，所以對於能理解我的教育觀，與包容我孩子特別的學習方法的老師們，我感謝與獻上誠摯的敬意。

過去工業時代的填鴨教育，將所有學習的東西分成一塊塊教科書與教學計畫；現實世界的情況被簡化，而學生則是乖乖的死背活記。

這樣的教育系統假設了一個有效的教育流程，能將知識一塊塊地裝進學生腦袋，像是一間有效率的工廠生產線一樣。

框架式的教育，讓學生花了很多時間寫題庫與記憶，但卻沒有時間讓學生思考與培養興趣，甚至，對於老師教的知識沒有任何的提問。

而我對教育的認知是：**學習本能是來自於孩子的個性、好奇心與興趣。我相信，當你喜愛可以專心投入的事物，那麼一切的學習都會變得很有樂趣。**孩子們會因著想達成目標，而願意忍耐與克服不喜愛的事物，這一點，不需要強迫他們，他們也會認真。

十年前，我們所受的知識傳遞與教育，未必在現在的社會能有效運用，更何況去假設未來的需求？以教育的角度來考量，**學習態度的養成比學習成果更重要；給予孩子們學習的動機，遠比給予知識的填充還重要。**

透過主動探索與嘗試，孩子對於學習的自我承諾持續會較久，堅持度也會較高。

嘉義古笨港。

我在雜誌上看見一篇報導，有一位來自台灣的高材生到美國麻省理工學院MIT就讀，他在受訪時表示：「我在麻省學到對自己誠實。在台灣這個文憑至上的社會，最大的阻力是父母。」

這個觀點表達台灣多數學生，依循著父母的期待、師長對成績的期望而做選擇。其實，如果父母能拋開自我成長的拘束，填鴨教育的包袱與人們的成見，會發現每個小孩都有不同的可能性。也許，父母應試著幫助孩子走出校園外的天空，創造機會與氛圍，喚醒不一樣的學習，還有內心那位曾經被限制住的自己。

曾閱讀一本關於釀酒的書，書中說：「釀酒的人總是想很多，他們總是在每個細節中思考著『這樣夠了嗎？』他們花上一輩子得到的不是答案，但他們知道釀酒的工作不可能有停下來的一天。麥芽，沈睡在橡木桶中，經過漫長的歲月，隨著環境悄然的變化，在季節的變遷、溫度的高低循環裡，有些東西逐漸消失，卻也有些東西逐漸展現。」

「這些珍貴的麥芽所釀成的原酒，在釀酒的酒莊裡，結實成一點一滴，累積的醇厚香氣。」

釀酒人都知道，當風、土、水和人都具備時，其他的，就交給時間吧！

孩子眼裡的天空不只是藍

「你們今天學校有沒有討論天空的事呢？」我用試探的語氣問著。

昕仔開始顯露不開心的表情，一付不想回答的模樣。

接著我繼續說：「你看，現在黃昏的天空有好多好多雲，是不是很美麗呢？你可以告訴媽咪，天空是什麼顏色嗎？」

「我不想說話……」是昕仔丟給我的一個不禮貌的回答。

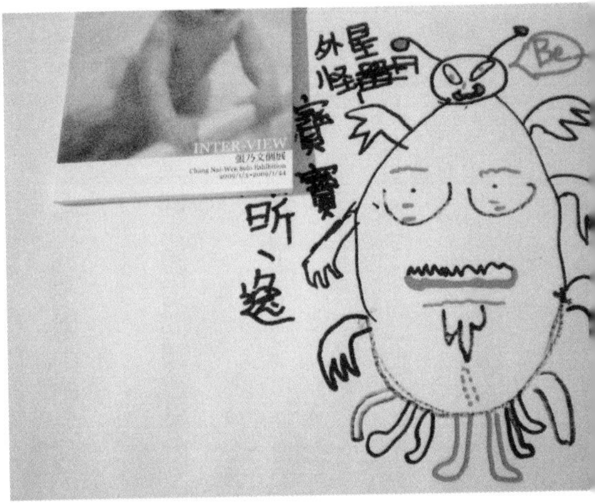

看畫展時，孩子的有趣簽名。

當我們還居住在台北時，幼幼期的昕仔到幼兒園上學的某一天，孩子的老師在放

學前打了一通問候的電話：「米媽，如果假日有空時，找個時間帶孩子去做個眼睛的檢查……」

我緊張的問著：「昕仔在學校發生什麼問題了嗎？」

老師帶著關懷卻又有點不好意思地說著：「今天上課的時候，大家討論著天空的顏色，大家興高彩烈的說著，但是昕仔似乎答不出來……

「我擔心，他是不是因為對於這個題目，他早就有自己的答案與想法，但我又有些擔憂會不會是因為視力？而如果是色盲可能就要及早治療。

「米媽，這些可能性都是猜測。你先好好與孩子談一談，我們再進一步溝通。」

這是出自一個幼教老師的關懷，我感謝她對於孩子的觀察，讓我知道這整件事發生的過程。在開車接孩子放學時，我心裡想著：「色盲，對我而言是一個很陌生的名詞，我是不是應該找一些關於這方面的資料閱讀？

「昕仔對於空間與色感很敏銳，那是他擁有的特質，但如果因為視力問題而有所影響，我該怎麼幫他呢？」

眼前的紅燈閃了閃，我停下車，三分鐘不到的紅燈等待之際，我腦海閃過一些念頭：「現在家裡的經濟重心全落在米爸身上，如果需要長期治療，我勢必要出去工作了。」

我煩惱著：「我該如何告訴孩子的爸，他會用何種態度解讀我們即將面對的問題？」當時在美術系授課的米爸，教授著色彩學的課程。

我煩惱著昕仔的眼裡世界變成單一的色彩，也憂慮著他的生命是否因此「人生變黑白」，但是，我腦海裡也浮現另一個想法：「其實眼底的色彩變黑白也沒什麼不好，也許，豐富的色彩往往左右了人們視覺的重心。」「單純的黑與白，可以讓昕仔更深刻的看見色彩背後的另類思考與真相。」

雖然接孩子放學僅僅是三十分鐘不到的車程，我的心情卻像是超過三個小時之久的忐忑。

到了學校，老師笑容可掬地提醒著我：「米媽，與昕仔聊天時，要注意一下他的情緒反應。不要急，慢慢與他聊一下。」

昕仔一如往常，下課便衝到我的懷裡來一個抱抱，我急忙將他帶上車。

車上習慣準備一些餅乾，讓活動量大的昕仔有一些熱量可以補充，我強裝沒事地問著：「昕，今天學校有沒有發生什麼有趣的事呢？或者，你有沒有什麼煩惱想告訴我呢？」

「沒有啊，今天學校沒有什麼重要的事發生啊。」

昕仔抓著餅乾一口接一口吃著，從他的語氣裡，感覺不到有任何不愉快的事情發生過。我想是因為孩子不以為意，還是他不想提起呢？

在返家的路口，遇見一個紅綠燈，我急忙的問著：「昕，你看現在紅綠燈變成什麼顏色了呢？」

「好無聊！」是昕仔給我的答案，讓我有些一頭霧水。

「如果昕仔無法分辨紅綠燈，將來過馬路時要如何分辨行走的安全？」這下子我開始有點兒擔心，也有些心急。

「你們今天學校有沒有討論天空的事呢？」我用試探的語氣問著。

昕仔開始顯露不開心的表情，一副不想回答的模樣。

接著我繼續說：「你看，現在黃昏的天空有好多好多雲，是不是很美麗呢？你可以告訴媽咪，天空是什麼顏色嗎？」

「我不想說話……」是昕仔丟給我的一個不禮貌的回答。

其實，我有些生氣，但是擔心孩子的自尊心被我的魯莽所傷害，所以當下我忍住了可能脫口而出的情緒性言語。

過了一會兒，昕仔緩緩的說出：「媽咪，我同學都說天空是藍色的……」

對於這個答案，我沒有太多的疑問，我心裡還掛著昕仔答不出天空的顏色這件事。

昕仔將手從後座伸了過來，手臂環著正開著車的我說：「你們大人都喜歡這個答案嗎？」

我的雙手握著方向盤，還要動著腦筋想著後座孩子的疑問，這已是我多年來的生活狀態。

「那要看看大人的想法。不是每一個大人都只要答案，也有一些大人可以接受沒有答案的想法喔！」

昕仔皺著眉頭說著：「我覺得天空不是只有藍色啊！

「在早上的時候，它有一些灰灰的，但也不是灰色……

「中午太陽出來的時候，天空是藍色，是比較淺一點的藍，還有太陽的黃，所以藍色也不是那麼的藍……

「黃昏的時候，天空是比較像橘色，而且有時候會有點兒紅……

「晚上的時候，天空離藍色更遠了啊，那明明是黑麻麻的一大片，頂多有星星的白點點，怎麼會是藍色呢？」

這時的昕仔雖然有著生氣的表情，我卻大大的鬆了一口氣。

但是對於孩子的說話態度，我認為仍然需要調整。

我告訴昕仔：「你的想法很棒，但是為什麼不把這個想法告訴老師呢？你好好地說，老師與同學應該會好好地聽啊。」

昕仔瞪大著圓滾滾的眼睛說：「我就是很生氣老師問天空什麼顏色的時候，大家都一起回答藍色，所以後來的討論我都不想參加……」

接著，我與孩子之間的對話，重點落在與人與人之間應該如何好好的溝通，因為所有的想法如果沒有經過溝通，是難以傳達的。

這一次的經驗也讓我明白，**大人眼裡的世界，與孩子的觀察是何等的不一樣。其實，我內心也正反省著：「對於不善聆聽的人們而言，孩子單純的語言未必能被完全地了解。」**

二〇〇八年九月，我們在旅居南部的鄉間，昕仔在菱角田，看著黃昏的落日說著：「夕陽與天空，是農夫的電視機。」

顏色，有著自己的個性，孩子，也像是有著各種特質，有著屬於自己的色彩。

藍色讓孩子聯想到海洋、天空、湖泊、河流、空氣……但孩子也說，藍色讓他們想到地球、安靜、快樂、水災、正義感……還有漱口水。藍色在你腦海裡是何種感覺？

藍色不只是顏色，它有情緒，它是一個與我們關連緊密的語詞。藍色，是大自然的顏色，是色譜中最冷的顏色，是永恆、獨立、寂靜、冰冷、理智的色彩。

幼幼期的逸仔與昕仔喜歡玩顏色。顏色，不只是用來畫畫；它，是一種顏色的遊戲。

玩著各種顏色的遊戲，讓孩子與顏色建立關係，不需要大道理，或者以藝術為名的教育。顏色，就像好朋友與生活用品般地與我們生活緊緊連在一起。

藍色，有著各種深與淺的變化。逸仔與昕仔的幼幼期喜愛玩著顏色馬賽克的視覺遊戲。這些顏色遊戲除了使用色紙外，也可以使用藍色與其他顏色的玻璃紙，作為顏色混搭的配色遊戲。

孩子會將藍色的玻璃紙加上黃色的玻璃紙，或是藍色玻璃紙加上綠色玻璃紙，藉由顏色的互相堆疊、搭配，如同將顏料做調色盤，很具趣味性。

紅、橙、黃等暖色的色系，讓人有膨脹的感覺。藍、綠等冷色的色系，則是讓人有收縮感。將這些暖的、冷的顏色放在一起時，這些顏色的搭配會呈現一種有趣的對比。

當藍色與黃色放置在一起時，這兩種對比的顏色，會顯得特別搶眼，而將藍色的條狀色紙與紅色、綠色的色紙放置在一起時，會使藍色的線條產生視覺顏色的變化，讓原來的色彩產生偏色的現象，這是一種色相對比。

玩著顏色遊戲時，讓孩子看一看、想一想，顏色與顏色之間是不是因為放在一起而產生了一些變化？

孩子偶爾會在白色的紙張上，畫著藍色的小圓點。他們圓滾滾的眼睛，猛盯著小小的藍色圓點點，注視了二十秒到三十秒之久。當孩子們的眼睛轉向，看看放置在一旁的白紙時，猜猜看他們會看見什麼？

昕仔好奇地說著：「姊姊，你看，白紙上出現了好奇怪的圓點點耶，白紙上剛剛都沒有畫上任何東西啊！」

逸仔也說著：「真的耶，怎麼會這樣呢？難道這張白紙有魔法嗎？」

其實，這個原理來自於眼睛盯著某個影像一段時間後，再看看其他地方時，便會看見形狀相同但顏色互補的殘像。這個殘留的影像，稱為視覺殘留，是因眼睛疲勞產生的錯覺。

翻閱了一下藍色與我們生活之間的關連，發現許多人將藍色代表為男孩，粉紅色代表女孩，兩種顏色分別被當作一種性別的象徵。其實，早期西方的傳統是用藍色代表小女孩，而紅色與粉紅色則是屬於男孩的色彩。

所以不只是與生活有關，藍色，也帶來了一些情緒的聯想。原來，感覺也有顏色喔。

對比的顏色。

孩子透過兒童美術繪本的閱讀，了解畢卡索早期到巴黎時的創作小故事。

當時的畢卡索使用了大量的藍色色調創作，表達出住在巴黎的市井小民的苦悶；也反映了他當時的心境，這是他的「藍色時期」。

昕仔曾畫過一張圖形，圖中的人物有雙藍色的眼睛。昕仔說：「生氣卻無法發怒時，眼睛是藍色的，因為說不出的憤怒代表內心很難過。」

藍色讓昕仔聯想到安靜、憂鬱……顏

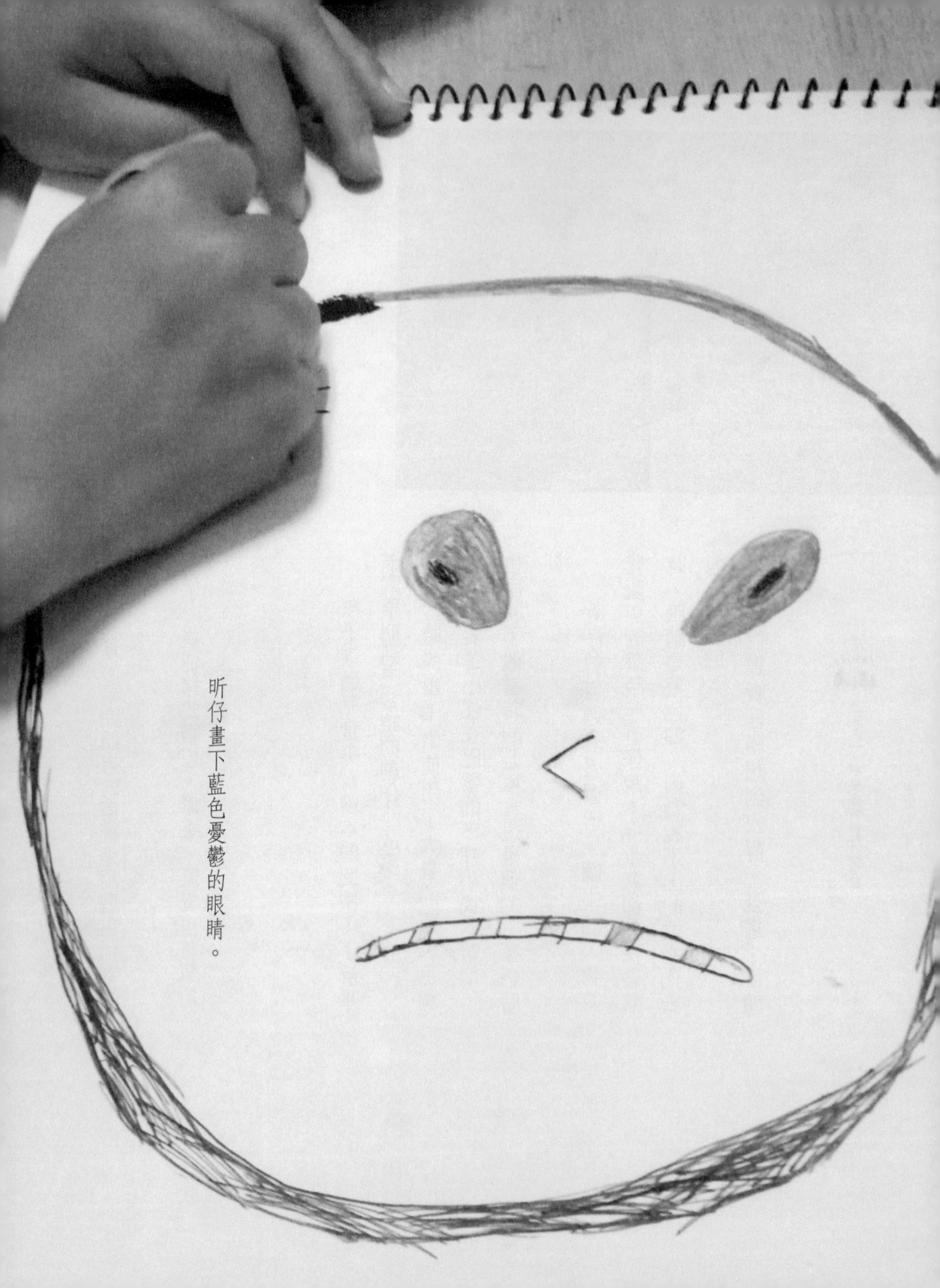

昕仔畫下藍色憂鬱的眼睛。

色，也會要個性。

我們找到一本關於太空與行星的書籍，讓逸仔與昕仔想到自己所處的地球。地球的表面積有百分之七十一為水所覆蓋，我們居住的是藍色的星球。

當孩子閱讀著太空與行星的資料後，他們決定要畫畫，而且畫的內容不只是一個地球，而是宇宙。

昕仔畫著宇宙中的星球。

由於洗衣粉成分的關係，當藍色的顏料與洗衣粉溶解後，水會變成很強烈的藍色，因此，我們使用了洗衣粉加上藍色的顏料，混合成另一種調色劑。

逸仔先用鉛筆畫好即將上色的底稿，昕仔則是使用擅長的蠟筆，畫好各種星球。

星球背景的藍色，是使用洗衣粉與藍色顏料調和而成的調色劑，孩子專注地準備上色。日常生活中的影像，可以為孩子帶來各種的情緒與可能性，而顏色是影像構成的外貌之一。

藍色，帶有涼爽、安撫、鎮定與環保意義的特質。

顏色，不只是畫畫的遊戲。透過顏色，給予了另一種方式的溝通、傳達出人們內心無法說出的隱喻。

關於繪畫與顏色的繪本，有一些值得推薦給幼幼期孩子的參考書單，如下：

《色彩舞蹈》格林出版社、《色彩的翅膀》米奇巴克出版社、《黑白村莊》和英出版社、《顏色女王大考驗》巨河文化出版社。

這些書籍對於顏色，使用了一些簡單的故事與典故，讓孩子對於顏色有一些簡單的認識，也帶來有趣的想法。

啟發孩子的音樂精靈

我曾經試過一種有趣的方式，讓逸仔與昕仔在沒有受過任何指導的情況下，直接在琴鍵上彈奏他們想要的音樂。

終於，有一天，逸仔拉著我的手，笑咪咪地告訴我：「媽咪，我自己找出我喜歡的那首歌的旋律了，它在鋼琴上是這樣彈的……」

逸仔笑著說，她只要找到「咪」的位置，她就找得到歌曲接下去的音符。

演出中的逸仔。

走在路上聽到樂音飄揚，你的手指會不經意的抬起。聽見周杰倫的音樂，你將那節奏清清楚楚的哼哼踢踢。音樂，原本就是屬於身體的共鳴。廁所的回音，不輸蔡依林的麥克風百萬級。

看見五線譜的你，身體不自覺的搖一搖、挺一挺。我看見，你用眼和心唱起了譜上豆芽菜的旋律。這左腦右腦一起並用的好主意，讓你，真的很開心。

用想像，聽見聲音的高高低低；用想像，看見大師的指揮棒飛舞來去；用想像，讓鍵盤冷冰冰，化作熱情音符的翹翹板歡愉。

身體的放鬆與心情的積極勝過譜上音符完美演出的期許，手指也許因為在鍵盤上軟弱站不挺，但心裡嘴裡的哼唱總不止息。請容我，將你的小手抬起，幫助你的指頭站立。

音樂，是接觸生命的媒介與點滴；音樂，豐富你的聽力與心裡的聲音；音樂，撫慰著悲傷、快樂的分享，還有激起的生命浪漫與點滴。音樂，不只是聲音。

孩子，我沒有要你比我行。孩子，我要你，用想像，在音樂的國度飛行。

在台灣，從音樂系、音樂班的投考，各種比賽與大大小小的檢定，學音樂似乎成了許多父母「望子成龍，望女成鳳」的栽培計畫之一。

學音樂，原本是一件美好的事情。但因講求效率的教學，而成了競爭的商品。何時，大家忘記「學音樂」為的是豐富心靈。

音樂中的「休止符」與「音符」有著同等的創造力；懂得「空白」，樂句才能不斷的延續。

其實不只音樂，各個領域的學習都有一樣的問題。「功利主義」澆熄認真老師的熱情。「被迫的練習」影響著親子關係。這些環環相扣、惡性交融的習性，正破壞著學音樂的美意。老師的教學與學生的互動，無不影響著「學音樂」是否真的帶來更好的生命。

我常遇到家長問我為何對孩子學音樂的事不太積極，或者，到底應不應該考音樂班。

大概受了「學音樂的孩子不會變壞」這句名言的影響，所以，學琴的人口真的不少。不過，我知道有些學習是指導者教學生學會「彈琴」，但不一定是「音樂教育」。因此，「彈琴」像「打字」一般，而父母要求孩子練習時也會弄壞情緒，演變成搶救親情大作戰。其實，我認為，**學樂器前一定要先懂得欣賞音樂、喜歡音樂。**

忙著翻譜的逸（3歲），認真玩著鍵盤的昕（1.5歲）。

上：屏東萬丹教堂。下：台南新化楊逵文學館。

學鋼琴，是指導者教導孩子的手，依照一種手指順序與規則，在固定的琴鍵上找位置。不過我曾經試過一種有趣的方式，讓逸仔與昕仔在沒有受過任何指導的情況下，直接在琴鍵上彈奏他們想要的音樂。

孩子一開始連手該怎麼放都搞不清楚，當他們在鋼琴上摸索一段時間，才漸漸知道往右邊的音比較高，往左邊的音比較低，但是他們仍然不知道音與音之間的關連。

他們在鍵盤上努力地尋找著，有時敲著白鍵，有時不小心按到黑鍵，就像一個鍵盤上的尋寶遊戲。在反覆了很長的一段摸索時間後，他們真的找到耳朵裡想唱的那首歌，雖然彈奏出的音樂線條不流暢，雖然彈奏的拍子忽快忽慢。

終於，有一天，逸仔拉著我的手，笑咪咪地告訴我：「媽咪，我自己找出我喜歡的那首歌的旋律了，它在鋼琴上是這樣彈的……」

逸仔笑著說，她只要找到「咪」的位置，她就找得到歌曲接下去的音符。

我告訴她，這個「咪」就是你的中心點。當接續的音符迷路時，只要找到「咪」，一樣可以回到原來的中心點，然後再一次地出發。雖然孩子的彈奏有些生硬，雖然孩子的彈奏沒有規則的節拍與流暢的旋律，但我分享著孩子從音樂國度找到的寶藏。

這是在耐性的摸索下，孩子尋找自己耳朵裡的音樂，是孩子自己完成的一首歌。

樂器，是學習表達的工具。若沒有想表達的企圖心，練琴只會成為「手指頭的運動」。不好的學習經驗，可能會將原本能成為孩子一生好朋友的音樂變成惡夢，孩子會連碰都不想碰。

音樂其實沒有絕對的對錯，就像學英文，入門若是從枯燥的文法開始操練，那麼，學習就會變得無趣。因此，**先學習喜歡音樂的聲音，以及對音樂的欣賞，那麼等待時機成熟時，再學習音樂的規則，就會比較容易一些。**

但，我仍然堅持，學音樂是豐富生命經驗的媒介。

現在的孩子普遍承擔著高競爭力的壓力，作為父母，應該以鼓勵的角度讓孩子學習音樂，當然，音樂也有著紓解壓力的功能。解壓的管道除了親近大自然外，學習音樂與藝術教育都是不錯的選擇；因此，別讓學音樂成為另一個壓力，這是我的苦口婆心。

我所認知的自主學習是孩子對學習事物充滿好奇，因為好奇、有趣，所以想親近。

逸仔一開始並非找某某名師學琴，但幸運的是，她遇到了一位充滿熱情且盡責的小提琴老師，讓她對小提琴學出興趣。對於尋找師資，我會避免只教授「手指運動」的指導者，這是我個人的淺見。

我們在生活上的音樂欣賞是一種輕鬆且悠哉的享受，早上聽詩歌或莫札特的音樂起床，放學回家後聽貝多芬、蕭邦，外加七公主（韓國小女生團體），睡覺前再聽巴哈或葛立格的音樂入眠。

這些音樂都是孩子自己選擇的，我這位音樂人媽咪並沒有參與太多意見。我的工作，只需要找到孩子聽了心情愉悅的音樂，讓他們可以有著好情緒起床，並有著愉悅或安定的心情入眠。

假日時，我偶爾會彈琴娛樂大家，例如拉赫曼尼洛夫的曲子外加〈不能說的祕密〉（還是向學生借譜印的），或是聽音練習（在孩子們哼唱曲調時記下，還幫他們編曲，然後孩子以為是自己作曲，高興到不行）。

調音中的逸仔。

最近昕仔因看了《不能說的祕密》，劇中「鬥琴」那段激發了他想學琴的動力。但我並不會替他做這個決定，因為這是「他的」決定，不是「我的」決定，我希望他學習面對自己的選擇。

一位家長訴說他的孩子學習音樂的過程。當初夫妻兩人單純地想像著，假日時，他們在客廳喝茶，邊聽著孩子彈琴、拉琴，享受愉悅的一天。

後來孩子進入音樂班，假日時，聽到的卻是母親喊「練琴」的咆哮聲，以及孩子心不甘、情不願的用力彈琴聲。然後接連著的是母親的怒罵斥責聲，與孩子回房間用力關門與哭泣聲，這與當初想像的畫面完全不同。

而意料外的音樂比賽壓力，以及學科與補習，讓孩子幾乎每天都睡眠不足，不只孩子熬，家長也在熬。有時還會因為遇到不適合的老師傷透腦筋，總之，這過程真的讓人覺得學琴充滿壓力。

我曾經任教於各個年齡層的音樂班與音樂系，也曾遇見過許多音樂上的才子才女，但是在關鍵期能克服種種狀況，維持學音樂最初衷熱情的有多少？這個舞台需要的是實力與機會，許多才子才女有實力卻未必有機會。

學音樂很好，但關起房門練琴卻是每日必須的功課，因為基本功需要練習。不過，勤加練習之外，還需要想想天與地、別人與自己，以及那未知的生命。

我看到許多莘莘學子們，對於演奏器樂，用頭腦、身體、手指、腳趾一起運用絕對沒有問題，只是除了五線譜，其他地方，他們卻有著許多踏不出去的疑慮。

也許，讀譜練譜佔據他們太多專注力，但是，**音樂的天地何等廣大，怎能只知道音的高低就行？**

我知道在不同時間，我的教學會因為生活不同的體會而改變。

有一年，我學習了佛朗明哥舞。我感受到全身肌肉「一起上」的爆發力，因此卯起來要學生半蹲吹奏練習，我想讓他們學習運用大腿的支撐力，與全身肌肉張力的運用。而當我看到舞者提臂的美感，我也要求學生注意從肩膀到手臂力量的練習，並留心舞台上的演奏儀態。

這些意外的學習與體會，讓我對教學有種天外飛來一筆的「好極了」。

於是我思考著教學上的「傳承」問題，我體悟出：「所有的教學方法可能被更新，但老師敬不敬業的態度會留在學生腦海裡。」

就像我曾遇見過我最喜愛的演奏家，他是美國知名卡內基音樂廳獨奏者，雖然與他共處的時間最短，但對我的影響卻最為深刻。對我而言，他不僅是一位指導者，更是一位熱愛生命的愛樂人。

技術不一定傳承，風範卻會留下。

家長或朋友有時會問我：「學音樂，有沒有投資報酬率？」

我說：「對於現實而言，賺錢絕對不一定，但生命的實踐價值絕對『物超所值』與可行。」因為，音樂，是另一種「語言」，幫助你聽到世界的另一種聲音。音樂，是另一種「以文會友」，讓我認識原本不會有交集的你。

台南台江四草湖。

逸仔的作品（4歲）。蝸牛／孩子是母親生命中的蝸牛。放慢自己的速度陪同孩子一起看風景。

快熟與慢熟

「下線，將電腦關閉……」這是媽媽怒氣沖沖的語調。

「再給我一分鐘就好，我快完成了。」昕仔仍用著他那雙大眼睛，直直地盯著螢幕看。毫不鬆懈，一付理所當然的態度。

「快熟」是善解人意的孩子，她對於父母總是有著包容的體諒。從小到大，她總是誠摯地讚美家人、鼓勵挫敗或者心情不順遂的同學與我們。

逸仔生日的願望，也總是留給家人。我告訴米爸，我們好好照顧自己，照顧這個家，因為我們的健康就是逸仔的幸福。

逸仔期待著每天下課後，與我聊天與分享學習上的點點滴滴，她喜歡我摸摸她的頭說：「你好貼心。」逸仔的動作很慢，心思很細膩，但也比較容易壓抑自己的性情。

有一次，我在孩子下課時先行買了便當。對於發育期中的孩子，三點後的飢腸轆轆總是讓他們心煩氣躁。在返家的高速公路上，在車上吃著蔥爆牛肉的逸仔，因為我的緊急煞車而掉落三片香味四溢的牛肉。

覺得每片牛肉都是寶的她，不禁哭泣起來。哭泣聲，對於一位正在下班、放學後，在車水馬龍競速中的母親，無疑是一種折磨，於是我沒耐性的說著：「為什麼你不忍耐，非得要在車上吃便當？為了你的牛肉片，我開車、煞車壓力都好大……」

我說這話的同時，恨不得像是一個保齡球，可以將眼前擁擠的車輛做一個完美的Strike。對於逸仔的回應，我也準備好「接招」，像是打羽毛球般，可以正中球拍的中心。想不到停止哭泣聲的逸仔卻說：「我知道自己的決定錯了，但是為何你不安慰我？我只是要你的安慰而已……」

我愣了一下，突然意識到我的孩子長大了，也感謝她在此時說了這樣一句提醒我的話。的確，我的耐性在繁忙的工作之際用完了，對眼前的孩子，我只剩下脾氣。

「對不起。媽咪只是想讓你知道在不恰當的地方用餐，是一個不太好的選擇……」

對於逸仔的這份提醒，我真是百感交集，也多虧她對我這樣直接的語言包容。

我慶幸著，還好她願意將自己心裡的想法說出，而不是放在心裡埋怨。

我緩一緩語氣，帶著些不好意思，我說：「謝謝你對媽咪的提醒，我不應該只知道

嘉義新港板頭村。

責備你，卻忘記你掉了珍貴牛肉片的傷心。」

同樣的家庭，因為孩子不同，個性不同，氣質不同，所以對於同一件事情的情緒反應也大為不同。

明白孩子，像是一個探險的過程。

如果討論到一個定點當作我們的行程計畫，逸仔與昕仔肯定有著不一樣的考量，而觀察他們的反應，總是讓我的生活多了一個樂趣。

逸仔對於決定，她當下的反應通常是：「好棒喔！我們可以到那裡體驗不一樣的樂趣，就算是去過了，因為季節不一樣，心情也不同。」

在逸仔小小的腦袋中，許多未曾見過的景象，早已生動的在她腦海中演練著。但昕仔通常就會抱持著審慎的態度問著：「那裡會有什麼好玩的東西？有沒有可以上廁所與休息的地方？」

昕仔對於團體活動，總是先抱持觀望的態度。他小心翼翼地先觀察著每一個參與者的態度與遊戲的樂趣，當他覺得找到安心的理由，才會投入參與活動。

孩子們每一個星期，有兩天各三十分鐘電腦時間。他們可以利用這時間查作業資料、電腦遊戲、繪圖與知識搜尋。

我在電腦旁放置著計時器，時間一到，孩子就必須下線，離開。如果違規，便會取消一個月的使用權，也因著我嚴格的執行，孩子未曾有過踰矩的紀錄。

這個計時器，給予的不只是時間的控制，也是提醒孩子的自制能力。管理自己在有限的時間內如何有效的運用，也管理自己對電腦遊戲與繪圖的控制力。當然，還有對忙碌中的媽媽給予時間提醒。

計時器一向好端端的放在電腦旁，這一次卻壞掉了。
沒有了滴滴叫的聲響，逸仔看著鬧鐘，小心的提醒

著自己的使用時間。輪到昕仔時，這規則可是讓他找到了空隙。

逸仔抱怨著昕仔毫不節制的使用，早已遠遠超過三十分鐘。在床上呼呼大睡的我，只聽見耳邊隱隱約約傳來：「你下來！你這樣違反規矩了，你已經用了四十五分鐘了……沒有媽咪的允許，連多一分鐘都不可以……」這是逸仔生氣的聲音。

「可是計時器沒叫啊，而且媽咪答應過我，這星期會讓我完成所有的電腦功課。」持續玩著電腦的昕仔，用要賴皮的聲音回應著怒氣沖沖的逸仔。

我一聽到「媽咪答應過我……」這句話，便急忙從床上跳了下來，準備跟眼前這位賴皮的小子好好溝通一下。

「下線，將電腦關閉……」這是媽媽怒氣沖沖的語調。

「再給我一分鐘就好，我快完成了。」昕仔仍用著他那雙大眼睛，直直地盯著螢幕

看。毫不鬆懈，一付理所當然的態度。

「不可以，這是我們當時一起定下來的約定。沒有特殊的必要，連三十秒都不可以。」我直接將昕仔從位置上抱走，將電腦關閉。

就這樣，一陣又一陣的號啕大哭。不停止的抱怨與怒氣夾雜在昕仔的哀號中。我知道，在情緒化的哭泣中，無論我說任何的道理，他都聽不進去。這一次，連我萬能的「抱抱方法」都使不上力氣了。

我在昕仔哭泣的隔壁房間，想著該如何讓他明白我的用心，明白我這樣對待他並不是為了我自己。我知道，一定要讓昕仔明白大人的想法與孩子想法的距離，要不然，對於接下來的限制處罰，他一定無法接受。

兩個小時過去了，隔壁房間已沒有動靜。我敲了敲門，問著：「請問，我可以進去嗎？」

汴頭村，心靈的故鄉。

我推開門，看見昕仔正躺在床上，他手中抱著無時無刻陪他入睡的小熊。他眼睛瞪得大大的望著天花板，逸仔早已疲憊的在一旁安靜地睡著。

「我們是不是應該好好談一談……」

當我一說完這句話，昕仔馬上從床上下來抱著我，他用哀求的口氣說著：「媽咪，不要取消我一個月的電腦使用權，其他任何的處罰都可以。」

我問了昕仔：「你知道為什麼媽咪要限制你們使用電腦的時間嗎？」

昕仔點點頭的說著：「嗯，因為要保護我們的眼睛，還有電腦遊戲玩太久會不喜歡動腦筋……會不喜歡讀故事書……會覺得除了電腦以外的事情都不有趣。」

昕仔倒是很清楚我堅持的理由，但是我也納悶著，為何他會如此堅持在電腦上玩遊戲超過規定的時間。

昕仔繼續說著：「可是，媽咪……你前幾天答應我可以完成所有的電腦活動……是你自己說可以的……」

男孩與女孩不一樣之處在於女孩善於用語言表達，溝通也較為容易。男孩則是在乎著承諾，對於「規定」比較理性，也相當堅持。

我一頭霧水地回想著。我隱約記得答應過這件事情，但是原本的立場與昕仔完全不同。原來，我們對語言的用詞產生了差異，所以我們之間的誤會真的很大，我們需要更進一步的溝通，但是我仍堅持三十分鐘是一個不可改變的規矩。

我說著：「昕，媽咪很擔心你對電腦的執著，這執著有好，也有不好。如果電腦用來創作或工作，媽咪不會這樣限制你，但是拿來當作遊戲，我必須有一些考慮。」

這個說明是必要的，因為米爸會使用電腦來工作，包括影像或設計的編排與剪輯，我則會使用電腦，敲打著文字的書寫與音樂的配樂。還有學生會不定期到家中拜訪，與米爸討論著設計作品或動畫的創作。

「用電腦工作與用電腦玩遊戲是完全不同的。」這是對於尚在學習自律與規矩的昕仔，我堅持必須對他做的說明。

「昕，**媽咪最擔心你未來對於電腦太過執著，對於身旁的美麗風景，值得閱讀的好書，還有好玩的手工遊戲會感到無聊、無趣、沒意思。那麼，你眼睛裡只會看見一個世界，一個風景。**」

昕仔對於我的擔心，提出自己的看法：「媽咪，我不會這樣的……其實當我很無聊時，我腦袋裡想的是家裡沒有完成的積木或拼圖，或是班上同學開玩笑的聊天，如何讓它變成有意思的漫畫情節……你不要擔

心……真的……」

我說：「那麼，我們可以對於這次限制使用電腦時間的事件做一個溝通；處罰仍是要執行，但是因為我們語言的傳達有誤會，所以我們可以協調，你同意嗎？」

對昕仔的處罰，從一個月彈性調整為兩星期。

我知道「慢熟」的昕仔動作很快，不過他情緒容易敏感，卻又有著害羞的性情。昕仔對於堅持的事情相當固執，所以對待他的方式需要慢慢來，並給予明確的方式。特別是處罰這件事情，必須讓他明白原因，也要對他分析大人觀點與小孩想法不同的理由。

昕仔對生活比較沒有安全感，對自己挑剔，有完美主義，喜歡抱抱、親親，還有床邊故事的說說與聽聽。他擅長組裝超人，積木與模型帶給他許多自信。

其實，我想對逸仔與昕仔說：「當你們的母親是一份禮物與幸運，因為我哭泣，你們會拿衛生紙為我擦擦眼睛。你們

總是讓我在惡魔的調皮與天使的笑容當中擺來擺去，這是感動、這是使命、這是聆聽、這也是大手牽小手的甜蜜點滴。」

快熟與慢熟成了一個互助與互補的關係。

我常會想，教育可以給孩子什麼？而我又想給孩子什麼樣的教育？

我想給孩子一雙在天空悠遊的翅膀，但是他們的翅膀需要成長的時間，需要良好的體力與免疫力，還有做事情的態度與價值觀。

我在每一天發生的事情中，調整著我的腳步與方式，擴充著自己的彈性。

我告訴自己：「如果我每天仔細地、慢慢地做好每一件事情，也許眼前的問題很多，但是一天克服一個，慢慢累積，這樣三十天就可以解決三十個問題。」

我想，對孩子的教育也是如此，無論「快熟」或者「慢熟」，「不用急」與「慢慢走」是一件好事情。

繪畫的場域是呂理煌老師參加威尼斯建築雙年展的得獎作品。

氛圍，是創意的實驗場

早起的孩子。

在畫畫的過程中，孩子難免會說著：「我不會耶，怎麼辦？」「沒關係，慢慢來，如果想不出來畫什麼就先休息，或者與你身旁的同伴聊天一下，如何？」

陪伴者可以試著讓「我不會」成為一種轉機、一個學習的契機。孩子也可以透過休息中的觀察，或是同伴間的相互支援，成為另一種開始。

一早，隨著我妹妹兩位孩子的拜訪，我們在吃完早餐後，準備來個戶外寫生。早起的鳥兒有蟲吃，早起的孩子們也有好玩兒的事情。早晨的天空很美，雲層富有變化，是個適合說故事的天氣。我們選定一個特別的建築空間，執行我們的氛圍創意。它是一個木造的空間，孩子坐在有著創意而建構的椅子上畫圖。

戶外寫生，是我們這次的繪畫場域。營造環境，小小的事情也有著大大的想像力。

逸仔先協助大家，使用紙膠帶將圖畫紙固定在薄木板上。

孩子們傷著腦筋，想著：「要畫什麼呢？」

大家七嘴八舌的討論著，從畫天空、畫草坪、畫別人、畫自己……什麼奇奇怪怪的答案都有。孩子王的逸仔自信地說：「那就通通畫吧！畫想要的東西，無論是看得見或想像中的……通通都可以。」

不喜歡被規定的昕仔卻說：「我們不會一次只畫一張作品，我們喜歡變換主題。」

「太好了，這樣我們就可以把想要畫的、沒畫過的、眼睛看見的、耳朵聽到的……通通都畫進去耶！」孩子們興奮的說著、笑著。

繪畫，對孩子現階段的目的是快樂、是感動，不需要什麼道理。

作品，是孩子的王國。

孩子想畫什麼，是他們的自由。在我們的繪畫遊戲裡，沒有「不可以」的話題。

創意需要一些大膽，需要突破一些拘泥，不要分類、不要分級，做法與材料只是一種參考，不是規則，更不是標的。

我們支持著，並且站在鼓勵與欣賞的角度，稱讚孩子獨立完成作品。

拿著畫筆的孩子。

如果大人強迫孩子做著單一主題，或者擅自作主在孩子的作品上塗改，會換來一顆受傷的心。

這一次，我們帶了兩種不同的水彩，一種是不透明水彩，有著易於修改的優點，而另一種則是透明水彩，適合水分多的畫法，顏色輕盈。

曾經在上過水的紙張上，玩著顏料的逸仔與昕仔，因為覺得畫畫的渲染效果相當不錯，可以做粉蠟筆排水畫，所以透明水彩是他們印象中最適合的選擇。

為了避免對顏色有刻板印象的依賴，通常，我只準備十二種左右的顏色。那些「不夠」的色彩，是給予孩

子們自行調色的機會。

色彩，需要親身經歷混色的體驗。他們可以透過混色，完成色彩的遊戲。知道綠不是只有一種綠，藍不是只有一種藍，每一種顏色都可以有各個層次的豐富。

顏色，可以成為手牽手的好朋友。

孩子，可以因著畫面的需求而決定「要」或「不要」，對於所謂的「精確」，我希望可以不受理性與慣性的思考。

他們使用著自由、直覺、主觀，對顏色沒有成見，而是一種盡興的享受。

一向玩顏色相當大膽的昕仔，調和著水分與顏料，不斷地混色，嘗試找到有別於過去經驗的色系。這可是一件不容易的工作，需要細心的調整每個顏色的比例。

我知道昕仔想找出別人沒有的顏色。混色的實驗雖然有些辛苦，但這過程帶來的專注，對他卻是一種趣味。

有一種經驗稱為Flow。Flow的字義有主動、專注而忘我經驗的意思。忘我時，

畫了好多好多的作品。

096

孩子們正數著荷葉上的水珠。

時間會變得很快，會不自覺的投入。如果孩子有過這樣Flow的經驗，他們便會一直主動尋找這種樂趣。而當他們投入這種挑戰時，無論多累都會堅持下去，並且透過完成，而得到一種滿足。

對我而言，看見孩子手上握住的，比看見失去的來得重要。**觀察與尋找孩子Flow的經驗，對孩子予以肯定是我對教養的想法。**

我相信，當你看過孩子對喜歡的事物認真學習時，你便不會為他不感興趣的學習而擔心與猶豫。而我覺得人生一定要有這樣的經驗：喜歡一個事物時，那種投入與認真的感覺。當你愛上那個興趣，你會給自己紀律去完成，而不是壓力。

孩子們使用著不同的顏色，調和了大量的水分，刷在圖畫紙上，玩一種顏色相融的遊戲。畫畫時，他們不會站在一個單一的方向，他們偶爾還會把圖畫紙轉來轉去，旋轉後的畫面為構圖帶來更多的可能性。

原來，畫圖不只是可以從單一的角度觀察，還可以透過不同的視野空間帶來變化。

對稱的安全感，色彩的誇張，時而強烈，時而溫暖……誇張的線條、不對稱的外型，讓孩子們覺得自己腦海裡的想法源源不絕。

「氛圍」，是孩子最佳的創意實驗場。

從觀察孩子畫圖的遊戲中，我明白學習的角度需要適時地換個方向想一想。只要願意轉一轉，眼底看到的風景就會顯得不一樣。**孩子的創造力，來自於父母的信心。**不要從孩子外在的表現，懷疑每一位被獨一創造的孩子們所擁有的創造力。

孩子所使用的畫筆不單是繪畫的用筆，它可以是來自大自然的樹枝，荷葉下的根莖，掉落的枯葉。這些來自生活中的點子，成為自製的畫筆，帶來各種不同的筆觸。筆觸的輕與重，像是聽覺的強與弱，視覺的遠與近；它不局限於呆板的正方形、長方形或任何一個固定形體。

孩子的簡單，融合了大人複雜的感動；情感與顏色的點、線、面，喚起成人解讀的新空間。對繪畫好奇的孩子，喜愛尋找可能性，他們有著無限的想像力。而說話大聲、忘東忘西、無法等待，即使有這些被大人否定的特質，孩子仍可以在創作的場域找到信心。

創造力，無關乎學經歷。

「畫畫實在很好玩！」這是出自孩子們真正內在的聲音。但是，在畫畫的過程中，孩子難免會傷腦筋的說著：「我不會耶，怎麼辦？」

那是一個請求支援的訊息，隱藏的是「不要」，還是「不想」？是「不可以」，還是「不可能」？或者有沒有可能是孩子遇到的問題，正是因為他們距離真實的生活已經太過遙遠？

「沒關係，慢慢來，如果想不出來畫什麼就先休息，或者與你身旁的同伴聊天一下，如何？」陪伴者可以試著讓「我不會」成為一種轉機、一個學習的契機。

孩子也可以透過休息中的觀察，或是同伴間的相互支援，成為另一種開始。

想像與創意，常常來自於觀察，觀察是一個最好的學習。

當環境給予了孩子自在與接納，大人自然的態度，也容易讓孩子對自己有信心。給予環境與情境，讓孩子主動學習搜尋與記憶，這是一個開啟好奇的求知欲的好機會。

知識，可以透過傳授學習，但創意，是一種身體力行與觀察的結晶，是透過摸索與不斷練習而調整的結果。

在孩子學習前，先給予他們，也給予我們自己一雙「發現」的眼睛。

大人的意見太多，也許會影響到孩子的天真。我不希望孩子在創作或實驗的過程中，成為一位需要不斷詢問別人意見、沒有掌聲便失去信心的孩子，這些勇氣，孩子需要透過生活的經驗與實踐。

探險與嘗試原本就是孩子的天性。一個簡單的活動、一句簡單的話，都可以給孩子

不一樣的生活。孩子們的別出心裁與天馬行空需要被支持。

也許，他們會畫下屬於他們小小心靈的心情故事，畫面可能與大人眼裡的世界完全不同，但他們的小小野心可是在紙張上跳躍著無比的風情，那像是另一個世界，一個屬於孩子內心的樂園，不是我們眼裡的邏輯。

想想畫裡透露的語言，其實那是與孩子溝通的另一種橋樑。

我期待的是，看到純粹屬於孩子內心的風景，他們畫出他們自己。

畫了一段時間後的孩子，他們有些累了，此時，他們需要另一種遊戲。孩子玩著「一、二、三木頭人」，我看見他們臉上充滿著開心的表情。

陪伴孩子的不只是溫暖的陽光，還有和煦的微風、葉綠素的草香，以及可愛的攀木蜥蜴——一位前來湊熱鬧的小小訪客。

突然間，天空下起一陣大雨，我們卻感到開心。因為雨水帶來天空的變化、溼度的變化，還有心情的變化。

孩子，繼續著他們的遊戲，我和妹妹則是繼續著聊天的話題。大雨過後，天空漸漸的放晴。孩子玩完了遊戲，也養足了耐性，開始做不一樣的畫畫遊戲。

這是兩人一組，採取合作畫畫的方式。孩子們先將畫紙大片大片地塗上底色，再各自選擇自己喜歡的，或與對方討論的顏色作為搭配。原來，不只是運動跑步可以玩接力，連畫圖都可以喔。

這是一個有趣的畫畫遊戲。一個人畫著點與線，下一位的接棒者繼續畫出下一個點與線，就這樣，點線點線間交織出一個面。

延續的圖案，不只兩個人玩，也可以三個人、四個人……不斷的增加中。他們像是在圖畫操場上玩著畫畫接力賽，不會氣喘吁吁，卻是需要動動腦筋與努力。

玩得正開心的孩子，開始有自己的想法。有些狀況正悄悄的發生。

他們開始以「潑」、「甩」的方式畫畫，而且玩得很開心。

我心裡想著：「這是故意？還是不小心？」

創作中，偶爾發生的意外，反而增添

孩子們用「潑」、「甩」的方式畫畫。

了作品的另一種可能性，這也是一種突破，因著意外帶來的突破，帶來了改變的可能。

「大膽的畫畫吧！孩子們，不要拘謹……」

「**如果你在意別人如何評價你的作品，那麼你就失去創作的勇氣與熱情。**」

孩子們，在畫畫的過程中，留下了遊戲的喜悅。這喜悅帶來的瀟灑自由，在我的眼裡，是一種才情。

他們很純真，純粹的忠於自己，一股心無旁騖的堅定，讓我只想給予鼓勵。

在繪畫遊戲結束前，孩子調色盤裡的顏色好驚人，有一些創意，有一些髒兮兮，是一個大膽的冒險，是一個透過合作產生相互感應的美好經驗。

孩子的開心與單純，時常提醒了我在現實世界中的迷失、思想的局限，也喚醒我曾經遺忘的本能——那份單純的感動與簡單。

孩子創作是因著發自內心的樂趣，那不只是「解決問題」的能力，同時需要「發現問題」的能力，因為發現問題，便是創意的開始。

創意教學是教學領域的熱門話題，常常代表著指導者有著創意的概念與教學。

創意，是個人獨特的思考觀點，以不同角度看待事物的能力。但是，指導者不應該只是給孩子單一的指導方式，或一味地突顯指導者的才能，而是應該給予強大的空間，讓孩子在腦海裡的醞釀與天真不為強勢的價值觀所主導。

也許，人人都可以模仿大師的作品，臨摹著相似的結構與圖形，然而，讓孩子擁有無限精力的探險精神，讓他們畫著無邊無際的線條與圖形，對孩子來說，那是個錯過便不再回頭的童年歲月的美好經驗。

孩子單純的喜愛，讓我明白他們畫畫的簡單動機，不是為了肯定，也不是為了掌聲。孩子以直覺性的方式來感受環境與生活帶給他們的感受，像是寫下了心靈日記。

這本日記有文字、有圖形，卻不一定有理性、有邏輯。這本日記，可能是孩子腦海裡跳躍的創意，可能是我們眼裡看不到的風景。

我們的「畫畫實驗」非常消耗體力，需要食物好好的補充。結束後，收拾好物品，我們前往附近的餐廳用餐。

餐廳旁荷花池的花朵綻開，葉上有著剛剛下過雨，留在荷葉上的水珠。

孩子開心的說著：「來，我們來算算看有幾顆！」

他們張大著眼睛，口中說著清晰的數字，這是有著規則，甚至可以來個加減法的數學遊戲。數不完荷葉上的水珠，不斷錯亂的數字讓他們彼此哈哈大笑。

腳底下，有著幾株在風中搖曳的含羞草。

孩子在草坪上說著：「我們讓含羞草更害羞吧！」他們手指撥弄著輕輕觸碰便合上的葉子，他們感受著天然的氣息。簡單的遊戲，有著純淨的愉悅！

在一旁的我，腦海裡想著來自沙爾・波特萊爾（Charles Baudelaire）的一句話：「一個真正理想的樂園，一切都那麼美麗、富饒、寧靜、宜人。在這裡，豐盛樂見於條理之內，生命善存於甜蜜之中。」

沒有半點混亂、嘈雜和意外，只有靜謐中的幸福；連飯食也都富有詩意，豐盛而令人振奮。用完餐，孩子頂著斗笠，一路唱著兒歌，準備帶著舒暢愉快的心情回家去。

我們讓含羞草更害羞吧！

尾隨在後的我，有種感動：美食，沒有非吃不可的東西。教育，沒有非學不可的學習。生活，沒有非享受不可的物欲。懂得品嘗身邊的幸福，才是真切的生命。

其實，我說的氛圍不只是作品，還有生命。

我說的不只是孩子，還有自己，從孩子眼裡看見的自己。

Part 2

生活的資優生

成長，不能沒有探險

逸仔說：「媽咪，在池塘旁邊，有一些小小的植物，只剩下脆弱而且很細小的根，卻一樣可以繼續生長耶，真的好神奇！」

這個小小的觀察，讓我有著深刻的感動：「植物，只要一個支點，力量也可以變得很強大。」

週末的午後，昕仔自信地說著：「媽咪，我和姊姊想去探險，你不要跟……這次，讓我和姊姊自己計畫。」

我遲疑了好久，心裡有著許多的假設與擔心，雖然想試著讓自己放手，但又戲劇化地想著：「萬一……萬一……誰能承受得起萬一呢？」

昕仔眉頭深皺說：「媽咪，我真的會很小心。我想去探險，然後發現很多有趣的事情，像是尋找寶藏一樣，求求你！……拜託啦！」

禁不住孩子的苦苦要求，我點點頭說了聲：「好吧！」

成長中，不能沒有探險，也不能受限於地理課本。我應該坦然接受他們到大自然探險的計畫，他們已經漸漸長大了。

逸仔與昕仔帶了相機、水壺，還有手機。我與他們約定，只能在靠近這裡附近的腹地，不可以越過我認定的安全範圍與距離。

就這樣，他們有了小小的探險之旅，留下擔心東、擔心西的我在家裡。

四月，是一個屬於花朵芬芳與溫暖果實味道的季節。孩子在漫步草地時，彷彿尋寶般，發現許多寶藏。匯集的果實有綠色的葡萄。池塘裡的荷花，隨著風吹起的動能搖曳，像是踮著腳尖、婆娑起舞的女孩。

昆蟲有偽裝術，牠們巧扮著各種樣貌，與花草樹林來個化妝舞會。整個大自然都是孩子們的花園。

好奇，喜歡藏在孩子細心觀察的背後；創意，常常躲在腦海發現驚喜的天馬行空裡。

孩子找出大自然裡的小宇宙，發現大人眼裡不曾發現的感動。

孩子到大自然中尋找密碼，完成探險之旅後，他們帶回了許多花朵、樹葉與種子。這些枯枝與葉子，讓在家等候的我，彷彿看見逸仔與昕仔在一朵朵生長在樹木與果實旁的花朵中，領受微風吹拂，而空氣中泛著果香。

在他們帶回的寶藏中，在欖仁葉中，我隱約看見葉片上留下的足跡，那是小蟲囓咬過的痕跡。葉尖有些已先變紅，有些先變黃，伴隨著綠色的青澀，混成一個屬於大自然的色彩。

植物的葉片，是小動物的食物；有些葉片，是小蟲子的避風港。在葉片中，隱約可看見這些造訪的神祕客的足跡。

昕仔急忙拿著相機告訴我，他們「旅行」的探險故事。他急於和媽媽分享眼裡所看見的美妙。

昕仔眼裡的果實，有著一長條的串連，像是綠色的葡萄。昕仔打趣的說著：「毛毛蟲沒有肩膀喔……所以都賴在樹爺爺的身上了。」樹上的毛毛蟲，攀爬在樹爺爺的年輪上，像是與樹爺爺相互對話。

樹上的豆莢與掉在地上的豆莢，打開莢裡的豆子，一顆接著一顆，像是跳躍著樹林裡流傳的故事。草地上的花瓣與害羞的含羞草，還有因風吹起搖曳的荷花，荷花上有著採蜜的蜜蜂。

逸仔分享著散步到荷花池時，她的可愛觀察：「蓮藕是青蛙的麥克風，荷葉上的葉脈是螞蟻的地圖。」照片裡還有綠油油的芭蕉葉、各式各樣的花朵與果實、像是城堡的枯木，還有意外停在逸仔腳上的意外訪客——黑斑天牛。

孩子笑著說，在他們探險的路途中，有一段路想休息，所以他們赤腳踏在草地上，並且在草地上翻滾。我心裡其實聽得有些羨慕，但也有一些擔心，萬一不小心摔到荷花池還得了？

孩子笑著說：「才不會呢！我們已經長大了。」我聽著他們說自己「長大了」，不禁噗嗤噗嗤的笑著。心想，孩子真的是急於想宣示自己是個獨立的個體。

逸仔說：「媽咪，我發現一個有趣的現象喔！」這下子，我成了好奇寶寶，急忙想知道他們又發現什麼好玩的事情。

逸仔說：「媽咪，在池塘旁邊，有一些小小的植物，只剩下脆弱而且很細小的根，卻一樣可以繼續生長耶，真的好神奇！」

這個小小的觀察，讓我有著深刻的感動：「植物，只要一個支點，力量也可以變得

昕仔的作品「愛情」。

很強大。」

人們，從大自然中可以獲得多少的啟發？大自然，在我們眼前正展現著堅韌的生命力與生生不息的繁衍。

回家後的逸仔與昕仔梳洗、抹去額頭上的汗水，在桌上佈置著他們帶回的寶藏，說要舉辦一個餐桌上的家家酒遊戲。孩子試圖重現他們眼底的那一刻、那一幕動人的情景與感受，用著撿拾回家的花瓣與葉子，表達對大自然的感謝。

環繞著葉綠素的香氣，我選了孩子喜愛的輕柔音樂，以〈卡農〉音樂為襯底，看著孩子帶回的粉嫩花瓣搭配略顯枯黃的落葉，傳達了心裡輕柔美好的風情。用花和葉排列出來的祝福，孩子將作品取名為「愛情」，有著祝福的心意。

作品，不是外在的藝術形式，而是發自內心的需要。從心底的渴望開始，才能掌握真正住美麗。

只要擁有心和眼睛，觀察與好奇心，處處是風景。

昕仔開心地笑著，掏出口袋裡小心翼翼收藏的寶藏，那是屬於四月的果實，延續生命的種子。昕仔說，他將收藏的木棉花花架藏在腳踏車的置物盒裡。這一團花架，可以成為手作的「雲」。後來，昕仔果真將它運用在自己所做「三隻小豬」的迷你舞台上，木棉花的花架成了舞台上一朵一朵的雲。

逸仔將枯枝與粉紅色的黏土做成了音符。她開心地玩著，說是森林裡的交響曲。

撿回來的枯葉與枯枝，逸仔想簡單地玩創意，她將掉落了的樹葉與枯枝做了搭配，成了美麗的蝴蝶。

逸仔將葉子做了一些剪裁，原來樹葉也可以做成有趣的東西。葉子，成了一雙夾腳拖鞋。

有趣又調皮的昕仔，忙著把夾腳拖鞋穿上，還嚷嚷著：「太小了，只能穿在腳上的大拇哥啦！」

耶魯大學教授路易・康建築大師說：「如果你的腦中，裝滿了那些不屬於你的東西，你會忘掉它們。它們永遠不會停在你的腦中，而且你會喪失對於自我價值的意識……我尊重學

三隻小豬迷你舞台。

習，因為它是靈感啟發的基礎，它與任何責任無關。」

學習是我們與生俱來的，學習的意念和學習的欲望本身，就是最好的鼓舞。

大自然中的探險，是一種視覺記憶，它記下了孩子的好奇心與觀察力：微風中拂動的小草，細碎的白色絨毛花絮被吹落，木棉花的花絮質地輕盈地飛揚著，像似雪，卻是比雪還美。

逸仔的作品，樹葉與枯枝的蝴蝶。

孩子在廚房與爸爸準備將採回的桑葚洗淨，打成果汁。我們在一個舒適的午後，享受孩子帶回的禮物。我想著：孩子有自己的感觸，他們身上像是有個小小的觀察偵測器，會引導他們往有趣的地方前進。孩子有著一種直通事物初始原點的本能，在自然簡單的事物中擷取原貌。

孩子不是縮小的母親與父親，而是獨立的個體，需要成人願意放棄複刻自己的成就意圖。

孩子觀察著大自然，我也觀察著孩子。當我退一步時，我看見孩子整理著自己的呼吸，找到自己的節奏。他們調整出屬於自己步調的心智移動，找出符合自己的生長歷程。

我應該做的是退後一步，給予孩子需要的距離與內心的空間。

大自然擁有密碼，孩子也擁有自己的密碼，我應該退後一步，以便能解開屬於他們的心智密碼。

於是，除了看見孩子奮力邁進的身影，我也能看見孩子從背後追趕上來的腳步。

喜悅，從彼此緊握的手心中傳出，我們可以開心的指天說地，也看見彼此生命的寬宏大量。

在旅行中、在觀察中、在大自然中，檢視自我內心，這些總帶給我無限的豐盈。

在大自然中，我尋找激發生命能量的元素，脫離現實枷鎖的理由。

忙碌的人們，需要貼近大自然的愜意與安心，需要悠然閒適的態度，適當地遠離現代文明。

在大自然中，尋找生命態度，不只是一種生理需求，更是不可取代的心靈饗宴。

逸仔的作品，樹葉做成的夾腳拖鞋。

慢走的教養

屏東萬丹教堂。

昕仔蹲著，與向日葵同高。看著他專注的眼神，「猜猜昕仔的腦袋在想什麼？」成了我的疑問，這一次，換我成了好奇寶寶。

想不到昕仔回答我：「欸！這花長得很像麥克風耶！」

前幾天，家中的植物葉子才剛掉落，新芽已長成。三月是一個賞花的好時節，也是一個落英繽紛的季節。

耳聞烏山頭水庫的南洋櫻已開，我想像著一片花海的情景，這櫻花季怎可缺席？

我帶著低年級讀半天的昕仔，拜訪了烏山頭水庫賞櫻。這是一個令人陶醉的戀戀櫻花季。烏山頭水庫是一個風景明媚的景點，水庫採用的工法相當環保，三年輪作的農育法與一萬六千公里的水路，已符合世界文化遺產設定的條約。

最近環保人士與學界，正積極爭取烏山頭水庫登錄為世界文化遺產活動。

烏山頭水庫的南洋櫻與台灣的其他櫻花，如陽明山、霧社、太平山常見的緋寒櫻並不相同。此處近百株南洋櫻花，都是昔日建造水庫的日本引進栽種。

我帶著昕仔，在前往烏山頭水庫的產業道路上。鄉間原野，開滿了朵朵粉紅的羊蹄甲，像是一片花海。身處大自然中，與潺潺小溪比鄰。矗立在山崖上，離自然之母僅有咫尺之遙，有種遠離塵囂的單純與寧靜。

過去的我住在都市裡，皮膚習慣著冷氣與水泥的空氣。腳不沾泥，卻無法對自然忘情。吸滿油煙的鼻息，在此聞櫻。從歲末冷冬至早春的花草茁壯，我們

六甲的美麗羊蹄甲。

見到櫻花的美麗。

心底，為眼裡收藏的陶醉。凡有氣息，都該為著一切的相遇感謝。

翠綠的山景襯托著雪白的朵朵櫻花，面對著起伏的山巒，那些關於百年前的歷史想像，瞬間在腦中馳騁。我，成了生態地理的上癮者。

昕仔蹲在地上，看著櫻花樹上飄落的一片片花瓣。他將花瓣一片片的放在手上，不只是看看美型花瓣，也要嗅一嗅花的味道。

低頭沈思的他，突然抬頭笑一笑的說道：「媽咪，這是我們的約會，對不對？」

我會心的一笑，想著：「我們的約會真浪漫……落英繽紛，像是鋪上了花地毯！」

右：迷離夢幻的南洋櫻。
左：正專注賞櫻的昕仔。

最近，一打開報章雜誌便看到「品味」的議題。

當「品味」被大量的討論時，我納悶著這股流行。我想像著，它，透露著何種現象？現代的社會是不是正漫布著一股「集體學品味」的焦慮？

我所認知的品味與自己息息相關、與生命相關。它不是知識，也不是理論分析；這模仿不來，只能自己教自己。

它需要還原自己與物質世界的相處能力，自己與心靈活動的相處能力。

我和昕仔在撒著櫻花瓣的草坪中，啜飲著自備的綠茶。很樸素，沒有點綴與炫耀。單純的喚起味蕾的記憶，讓愉快因著綠茶香味而延長，這是我喜愛的生活。

自己的幸福與否，與別人沒有關係，也不需要在乎有沒有人因為「懂與不懂」或「瞧不瞧得起」，因為，我在乎自己是否真正享受生命中的每一個相遇，在乎我的孩子是否了解事物的美好。

曾經看過一篇有關文字的文章，文章裡提到，中文的「熬」字是負面的，意謂煎熬、苦熬。但是，在古典英文裡，「熬seethe」「浸泡soak」與「飽和saturated」是相似的涵義，如同雨水滋潤了平原上的種子，大地的幼苗帶著期待與喜悅慢慢地成長。

立刻或快速，是「熬」的反義字，追求「效率」與「速度」，是不是會失去更多細細體驗與品味的機會？如果放在孩子的教養上，那麼，是否就會少了慢慢走的愉悅？

我喜歡慢……慢慢活，慢慢熟，慢慢走……

慢慢吃，舌頭可以仔細的辨別每種食物的滋味。

慢慢讀，書中的文字可以慢慢堆疊，建立語言轉化為想像的立體空間。

慢慢想，可以擺脫社會化與流行性的束縛。

我喜歡慢慢聽……慢慢說。

我想給孩子「浸泡soak」，有著足夠的水，長時間的浸泡，久了便能產生變化。

慢可以像海綿，不須急著填入專業技能，而是一點、一滴、慢慢地將各種領域的養分聚集。

春天，木棉花在禿枝上開出厚重的橘紅色花朵，園內還有各類生長的植物。除了櫻花，風景區內的向日葵、波斯菊也盛開連連。

我看著昕仔在盛開的波斯菊與向日葵花海中穿梭，感受到一股愜意。

「媽咪，蜜蜂在向日葵花瓣裡的花蕊採蜜……」

「你知道蜜蜂是媒婆喔！花粉要透過這樣傳送，才會開花與結果。」昕仔帶著自信的口吻說著。這樣的表情，真是讓我喜愛極了！

想要變得放鬆，其實不是擁有更多，反而是降低擁有，走向一種簡單。

忙碌，更需要一份貼近大自然的安心與愜意，像是一種悠然、適閒的態度。我們藏身於樹叢間，徹底享受了自然無限美的棲息。

我看見昕仔蹲著，與向日葵同高。看著他專注的眼神，「猜猜昕仔的腦袋在想什麼？」成了我的疑問，這一次，換我成了好奇寶寶。

想不到昕仔回答我：「欸！這花長得很像麥克風耶！」

聽完這句話，我噗嗤的笑了，原來，大人的我想太多了。

生活有週期，自然界也有循環與定律。再生與環保是還原人類基本生活面的要求。最壞的時代就是最好的時代，將欲望降到最低，丟掉可有可無的生活態度，明白真正的需要。

當社會充滿著各類的語言、策略與管理，這些術語可以教你做出一些實用的東西或物品，卻無法做出創意。創意，需要真實體驗與文化的想像力。

我對著享受吹來和風的自己說：「慢慢走，生活，就是該懶懶的散步；不需要走直線、靠右邊，不需要趕時間，腦子，就會慢慢沈澱。因為緩慢，可以拒絕效率與壓力，無須對日誌上的日子一一數算。每個曾經失去的歷程，可以透過與生活的對話慢慢找回。」

讓正面的思維，取代否定自我，聽見溫、良、恭、儉、讓，聽見純粹，聽見心底的聲音……

這是在大自然中慢走生活教給我的寶貴。

右：花海。
左：像麥克風的向日葵。

懷著忐忑不安眼神的昕仔說：「媽咪，我們會不會不小心迷路到森林裡？」

充滿自信的逸仔說：「哪會啊？這裡到處都是田，又不是山區，就算迷路，也會遇到耕耘車經過，不要擔心啦！」

生活的資優生

住家附近的公園、圖書館，以及從網路搜尋到的旅遊地點，是每個假日多數父母帶孩子去玩耍的地方，但我總想著何時能存到一筆足夠的預算，能帶著孩子無憂無慮的去旅遊？

當我心裡放置著「旅行就是等同積蓄」的狹隘，有一天，我看到報紙那不起眼的角落，寫著「古亭畚」，一個我從沒見過的陌生名詞。

我有了一個想法：「去哪裡旅行，不應該是一個負擔與功課，它應該是一個在規則生活中的不規則，或者說它是一種探險精神的實踐。」

就這樣，計畫趕不上變化。一個滿腦子想探險的媽媽，強拉著兩個還搞不清頭緒的孩子，來到了台南縣的後壁鄉。

這次的拜訪，我們捨棄使用GPS，打算依直覺及沿途的路牌，找尋可能的路線。

有規劃的計畫讓人安心，沒有規劃的路徑則充滿新奇與挑戰性。

我們捨棄了條條大路，踏上了充滿樂趣的幽僻小徑。

有幾次，因為不小心走到連自己都不知道的地方，心裡有些恐懼。

懷著忐忑不安眼神的昕仔說：「媽咪，我們會不會不小心迷路到森林裡？」

充滿自信的逸仔說：「哪會啊？這裡到處都是田，又不是山區，就算迷路，也會遇到耕耘車經過，不要擔心啦！」

在一旁聽著他們對話的我，專注的用著直覺，對行走的路線大膽假設。

每到達一個讓我們驚豔的地點，我們便開心的彼此分享。

昕仔帶著有些興奮又有些得意的表情說：「剛剛差點兒掉進田裡的小路，那種感覺好像在玩平衡木喔。」

眼睛閃閃發亮的逸仔雀躍的說：「媽咪，你開車的時候，車前一群一群隨車飛行的小鳥好多喔，我好擔心你撞到牠們，不過，我從來沒有看過這樣多的鳥兒耶！」

一路上的稻田綠油油，像是一片片的綠地毯。我們意外的發現此處的九曲橋，也許因為太偏僻了，即便是假日也沒有拜訪者，我們還決定將這裡變成我們的祕密招待所。

這一路雖然有些吃力、擔心，還有小小的緊張，但是帶著探險的心情真的很愉悅。

也正因為不依循，我們意外的行經有一整片木棉花的鄉間小路。那一片片的橙色花朵在天空下恣意的開著，孩子在樹下忙著用手接著風吹下的花瓣，一片接著一片。

當我們立定注目這一排排的花海時，感受到一種說不出卻又無法移開目光的心情。

不確切的時間，不確定的變化，也帶來許多驚喜。騷動的情緒，隨著微風與花瓣隱隱震動，我們感受一股難得的詩意。

孩子在木棉花隧道裡，真的玩得好開心。

後壁鄉的稻田像似一塊綠地毯。

這一幕幕的感動，存檔在孩子的生命經驗中。**這些花、這些風，讓孩子在閱讀與創作時，成為一幕幕召喚腦海裡的感動。**大自然，顯示了我們對存在的認識，成為我們體驗存在的媒介。

長長的木棉花隧道。

如果問我為何有這樣的勇氣，願意捨棄都市，來到鄉下過著恬淡的生活，除了生命與教育理念的實踐外，我想，「**土地，是教育最美的起點**」是存在我心中無可救藥的浪漫思想。

注重環保、重返大自然懷抱，有機與樂活都是一種化繁為簡的生活態度。我們的生活美學，需要在簡單的環境裡，去身體力行，而從貼近自然的生活中，我們更可以認識自己，並且貫徹認真生活的哲學。

遲沈的夕陽餘暉，所有的事物都染上金黃的溫度。

在回家的路上，昕仔望著菱角田的落日

說：「夕陽與天空是農夫的電視機。」

一路伴隨在我眼底的景象：陽光歇緩的炙熱感、風中的稻田香、老屋的沈靜、樹林中的綠葉、雲層馬賽克般的天空。

折離了泥土，留取了核心的香，那是帶著溫潤溼氣的花朵與泥土的香味。

環境的味道，多重而複雜。

腳底下站立的土地，像是人們靈魂底層的母親。

母親，是人們的依戀，是遊子魂牽夢縈的掛念，是心底最溫暖的地方。

心曠神怡的寧靜風光撫慰著人們的心靈。對故鄉的眷戀，蘊含著血脈的相連。

即便文明日新月異，科技不斷地嶄新突飛猛進，人們總是無法忘懷對鄉土的眷戀。

看見浮雲飄越過眼前山林樹葉的弧線，夜間抬頭仰望星空的璀璨感動。

學習在地人的生活步調，依循著大自然巧妙的韻律，小溪與稻田的溝渠是農民們揮灑克勤克儉的舞台，簡約的生活哲理呈現於日常的生命之中。

孩子與我們赤腳在田中或小溪中漫走，體驗與山林空氣和諧相處的放鬆。

這一幕幕生活的風景，凝結在回憶裡，我相信，即便孩子站在都市的水泥牆中，也因著他們生命中曾經歷大自然的美好，還是能把日子過得精精采采。

孩子如果沒有深切的體驗與感動，又如何在他們的生命之歌留下感動的字句？

大自然與藝術是我們的養分，天地山水是我們的名師。

慢走的生活，給了我新的視野。

懂得生活，算不算是一種資優呢？

我稱它為「生活資優」。生活資優，才是我打從心底認知生命中的真正資優。

這段時間的在地生活，孩子明白了農村社會中稻米與牛的種類對台灣農業的影響。這次拜訪後壁鄉的侯伯村，主要是想尋找農村社會早期存放稻穀的「古亭畚」。

由於我們拜訪的時機不對，所有的穀物早已收成，因此，我們詢問路上的農夫伯伯有沒有機會看到傳說中的「古亭畚」。

這邊的鄉民熱情的告訴我們各種尋找的線索與可能性。

好玩的指路法如下：「你從這裡就直直走，然後會看到兩棵長得像雨傘的樹，看到後再右轉，就有可能看到喔！」

接著，便是我們不斷的迷路，因為每棵樹看起來都很像雨傘。總之，我們在這樣的指引中誤打誤撞，也看到不少令人新奇的植物與一路的紅瓦屋舍。

現代農業因為進步，一般農民種稻多半轉賣農會或碾米廠，稻米存放在現代化的鋼

現代社會已快消失的古亭畚。

筋水泥的穀倉裡，因此，農村社會早期存放稻穀的「古亭畚」也逐漸自農村消失。

早期的台灣農業社會，稻米是主要的經濟作物。「古亭畚」是依台灣多雨潮溼氣候發展而成的稻米儲倉。我想藉由這次尋訪的機會，讓孩子明白老祖宗的智慧結晶，了解過去的農村生活方式。

「古亭畚」是以茅草搭建屋頂，以竹子做成骨架，外殼再以竹子編成。有些「古亭畚」主體看起來是白色的，是因外觀塗上以稻殼或牛糞混合泥漿而成的塗料，最外一層再塗抹石灰與糖水做外牆。

什麼是古亭畚？

「古亭畚」的形狀有點像陀螺，是以牛車輪來做底。因此部分地區的人稱「古亭畚」為「車輪畚」。「古亭畚」內部以竹架撐離地面，以免儲存的穀物受潮，因此「古亭畚」內部可以維持適度的溫度與溼度。

「古亭畚」除了儲放稻穀外，也常用來儲放番薯、樹薯、花生和玉米等雜糧。為了避免蟲子與老鼠咬食稻米，「古亭畚」只設置一個小型的窗戶，入口處使用木板框住。

據當地的農夫伯伯說，儲存在「古亭畚」的稻穀可保鮮長達一年之久，還可以幫助稻穀的發芽率。

哪裡還有古亭畚？

1.二水鄉有一位「古亭畚爺爺」陳明朝，自創竹編古亭畚，近二十年來做了兩千餘個尺寸不一的古亭畚，是一位「國寶級人物」。

2.彰化縣大城鄉三豐村內的農家保存將近三十座很完整的古亭畚，另外，在台十七線大城鄉段下寮的永慶宮廟埕一帶，可以看見家家戶戶門口前聳立的「古亭畚」。

3.台南縣的南瀛綠都心、柳營德元埤。

4.宜蘭古亭國小的後方，一戶新的農家建了一座「鼓亭畚農莊」。

5.雲林縣古坑鄉的仿古亭畚造型的創意民宿——「山中茅蘆」。

板陶窯昕的彩繪作品。

板陶窯逸的彩繪作品。

和孩子玩「找碴」的設計遊戲

逸仔在四歲時，第一次幫媽媽設計了衣服。那是一個手繪的作品，是逸仔第一次在衣服上畫畫的作品。

第一個作品對逸仔而言很珍貴。完成時，我還穿著它，牽著逸仔的小手到巷口超商買東西呢！

我常會跟孩子說：「我們來玩一個找碴的遊戲吧！」

當孩子做出一些創意的作品與我討論，特別是關於生活用品之類的小玩意兒，我會先給予鼓勵，然後，便開始找碴。

透過這樣挑剔的過程，讓孩子動動腦筋思考是否欠缺了什麼東西。

設計，沒有絕對的答案，它是因著「思考」的本質，不斷追求更好的「解決」過

程。設計並不是一個單純的「工作」或「學習」的名詞，但多數人以為設計只是天馬行空的發想。

喜歡設計的人，對生活一定有許多意見。

有趣的說，它是一個「找碴」的活動。

因為來自於對美好事物的嚮往，所以有創作的欲望，越是有動機想改變現狀，越能做出好的設計。

昕仔在幼幼期的作品「博物館」中，設計了一個通透且充滿光線的建築。

他小小的腦袋想著，在博物館的白天，透過充滿玻璃的折射與結構，有著好光線，正可以製造光源與節省能源。

正當他沾沾自喜於自己的建築作品時，愛找碴的媽媽追著昕仔問：「這個建築物，通通是玻璃的牆面，要如何懸掛展出的作品？」

「天氣很熱的話，陽光不斷曬在房子的玻璃，這樣房子裡面會很熱耶……」

眼前的這位媽媽飾演刁鑽的委託人，正極盡地挑戰設計者昕仔的想法。

昕仔動了動腦筋，想了想說：「這只是博物館的外觀，我會在裡面再蓋一個展覽室！你放心，我會讓你滿意的！」

對孩子的作品除了鼓勵，我也會適當的提出一些質疑，可以激發出他們更多的想像空間，還有對使用者的考量。

記得在孩子幼幼期時，當時尚未有聲控的3C製品，孩子與我曾在放學回家的開車路上，討論電腦的使用方不方便的問題。當時昕仔提出想要設計一個聲控電腦。他小小的腦袋早已醞釀一大堆來自「超人」世界的虛擬。

可愛的逸仔說：「如果有手，為何需要聲控呢？用手將需要的文字打在鍵盤上就可以了。」

我笑著回答：「如果可以聲控，那麼，對於肢體不方便的人們會帶來極大的方便呢！」

聽到媽媽這樣解釋的逸仔，說了聲對不起，並且說：「對喔，我怎麼沒想到？」

所謂的設計，是創造出符合人們生活需求的產品，因此，需要喜歡「觀察」人、事、物。設計是一門以「人」為出發點，考慮著每一個族群的需求、使用的經驗，並不斷找出問題、解決問題的提案。

它是一門「同理心」的學習，隱藏著心智的成熟，與邏輯運用的密碼。這些來自

「同理心」的觀察力，為的是讓設計的產品更為符合實用的功能。

它，不只是解決使用問題的技能，或者只是美化物質的工具。在設計的過程中，適時將使用者的經驗加入，可以產生更為深層的思考與使用價值。

我喜歡與逸仔、昕仔玩「設計工作室」的老闆與員工遊戲。在角色扮演中，我扮演設計公司的老闆。

這一次，雇主委託我們製作團隊設計一個美觀且實用的垃圾桶，它是運用在廚房的設計物。逸仔與昕仔是我旗下的員工，需要按著刁鑽老闆的需求，考慮委託者的需求，設計合用的作品。

這一次劇本擬定委託者的身分是一對夫婦，有著一個幼幼期的孩子，雖然製作的預算不高，但希望有好的設計物，以配合他們生活的節奏。

逸仔急忙的畫下草稿，他將一切需求的可能性記下：

1.蓋子要方便打開。

2.密封時不會有異味跑出來。

3.樣式要簡單、方便清洗。

逸仔想了想，為了適應台灣氣候的潮溼，原本計畫使用不鏽鋼的製品，但因為擔心污漬與清洗方式而改用塑膠材質。

為了方便蓋子的開啟，不會讓幼幼期的小孩夾到手，逸仔決定將蓋子設定為聲控。

原本已經考量周全的逸仔，正準備畫下設計圖，扮演找碴老闆的我馬上說：「萬一小孩發音不清楚，把垃圾桶唸成垃『餓』筒，那麼，這蓋子豈不是無法打開？」

「開與關老是搞不清楚，簡單的發音對於幼幼期的小孩可是一個不簡單的發音，如果一直唸錯，這可怎麼辦？」

幼幼期的昕仔常常將「計程車」發成「計言車」，還有「麵包」發成「念包」，當時為了矯正他的發音，我花了不少心力。

我這位扮演老闆的媽媽，正自豪於育兒經驗豐富，非常得意的發現這個「嚴重」的問題。

逸仔考量了發音的問題，修正了原來的想法，她決定改用其他的垃圾桶形狀，以方便幼幼兒的辨識。

逸仔馬上說：「我決定將垃圾桶改成蒼蠅的形狀，因為垃圾上常會有蒼蠅飛來飛去，用蒼蠅做樣式一定會很容易辨別。」

她開心的以為這個創意可以馬上滿足刁鑽老闆的胃口。

找碴的我，悠哉地說著：「可是，垃圾的樣貌如果不好看，加上蒼蠅的造型，這樣豈不是讓整個廚房看起來很灰暗？」

「我一進到廚房，馬上會聯想到臭氣沖天所引來的蒼蠅王，這個聯想讓我不舒服。」

看來，我真的是一個囉唆的老闆，對員工的要求真的是很嚴苛。

但產品設計的外觀很重要，一個空間可以因著小小的垃圾桶而增加趣味性與變化，也可以因著無趣的小東西而顯得索然無味。

前些時候，我從設計產品的網路上看見一個新發表的作品。

原本不被注意的辦公室用品碎紙機，被設計為天上的一朵黑雲，立在牆面上，當紙張透過黑雲碎紙機成了條狀的紙張時，竟成了下雨般的視覺……一個枯燥的辦公室，可以因著這個黑色雲朵的碎紙機而增加不少趣味。

這是我們另類的家家酒遊戲，模擬「設計工作室」的遊戲，不僅好玩，還可以讓孩子們在發想與挑戰中找到樂趣。

逸仔在四歲時，第一次幫媽媽設計了衣服。那是一個手繪的作品，是逸仔第一次在衣服上畫畫的作品。

當時我將一些舊了或有污漬的衣服讓孩子畫畫，而且是嘗試使用不同材質手繪的玩法。由於這是第一次嘗試，所以初步先使用畫布筆，等駕輕就熟後，再使用壓克力顏料在較硬的材質上設計包包與服飾。

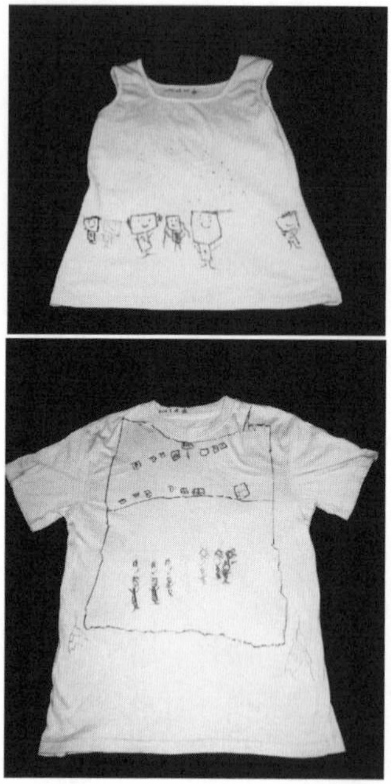

逸設計的衣服其一、其二（4歲）。

第一個作品對逸仔而言很珍貴。完成時，我還穿著它，牽著逸仔的小手到巷口超商買東西呢！

孩子對於衣服與大人有著不同的空間概念，在第一次的嘗試時，逸仔沒有畫草稿，而是直接想好落筆的位置。

她邊畫邊想，表情很有趣。當時的逸仔不喜愛將空間填滿，但只畫圖形，卻又覺得不夠豐富，所以她索性將衣服畫了一個吊竿般的架子，再串上一堆堆她想像的小圖案。

接著欲罷不能的她又畫了第二件，這時期，逸仔的畫畫風格，是每個人物肚子裡都有一個寶寶，這可能是自昕仔誕生所帶來的影響。

在構圖中，每個人的臉都是方形，而不是圓形。我胡亂開玩笑說，可能因為當時的她正在接受媽媽訓練的規矩。

自從第一次的嘗試後，孩子常常問我：「媽咪，有沒有穿不到的衣服？」老是追著我要舊衣物。

自從發現手繪衣服的趣味後，孩子設計的衣服也就有了各種不同的做法。例如，將孩子的作品用光碟存檔，再送去照像館轉印在T-shirt或提袋上，也可以將圖案加縫一些材料，例如亮片、珠子，還有拼布立體圖形之類的材質與圖形，讓孩子繪下設計圖，再經由家長或父母協助，完成較精細的縫製。

逸的方方人畫風，肚子還有小寶寶呢（4.5歲）。

設計無所不在，從我們日常使用的餐具、電腦、鉛筆、原子筆，連經過的公園，交通工具的摩托車與汽車、商店櫥窗……都是設計。

創意，孕育於生活中。我在孩子調皮的衣架作品中，感受到如同蜘蛛網般蔓延與展開的情緒，它是一個無所不在、寓於生活的一種樂趣。

上：昕為時鐘做了新造型，將舊元素的時鐘，加上組合積木的連結成了新元素（4.8歲）。
中：昕設計的風車，為了解決安裝動力位置，反覆拆裝很多次，是個充滿毅力的作品（5歲）。
下：昕用 LASY 積木設計的雷達站，應該是深受超人的影響（5歲）。

讓孩子塗塗畫畫，堆疊、建構立體，不只是賞心悅目、陶冶性情或尋找樂趣，它還可以是一種「解決問題的能力」的培養。

創意，不是架構在過往沈重的包袱，或是現代尖端的熱門科技，而是在腦海中肆意徜徉，從各式各樣的聯想中找出創意的想像。

文化，表現的是一種雋永並無可取代的價值。價值，不單是膚淺的有形數量與數字，而是無形深層文化底醞的展現。

我眼底的品味生活，來自於對真實生活的體認與生活境遇，還有個人思維對生活的反省，這些來自日常觀察的點滴與自身產生發酵之後，才會有獨立且深刻的存在。

各個城市，各個地區的美食文化，其實背後都有著密切的人與生活的關係，當地的民藝或生活使用的器皿，更是一種溫潤且豐厚的文化底醞。

美之為物，不必是浮華縟飾，它需要誠意與重視。

無論是為著品味、觀光或經濟，這些因著文化背景與生活牽連的關係，都可以成為一種特色，即便是市井的巷弄文

右：逸設計了各種美髮造型，她說做一本目錄放在美容院，方便顧客選擇吹整的髮型。
中：昕想設計一個超越101大樓的建築。
左：昕利用積木設計的大樓。

右：牆面的光點，是取自七個不同國家語言的盲人點字，意思是「閱讀新勢力」，意指閱讀可以超越許多的限制。
左：2005年國際書展主題館。

化，也都能成為源源不絕的設計生活概念，存在且融入生活之中。

其實，**生命的價值觀，是來自於關心土地與生活的延伸**，而我也相信，唯有用心，才能真正實踐這些美好，無論是生活或是人，都可以呈現美好的風景。

二〇〇五年時，米爸設計了台北國際書展主題館與德國波隆那國際書展台灣館。

當時，白色系主題館予以許多在擁擠書展的人們一種寬敞與舒適感，在此可以坐著休息或深吸一口氣。

曾有朋友好奇的問我，念藝術與設計的差異在哪裡。其實，設計與藝術確實有些本質的共通性，這也是米爸提出「愛自己，做藝術；愛別人，做設計！」觀點的原因。

目前世界各地許多藝術與設計的科系都已不再做單一的學習，無論是設計、建築、視覺媒體

傳達的學生們正運用著大量的資源，完成整合性的創作或實用的設計。

根據《哈佛商業評論》的提出，全球企業近年來與設計學院進行許多合作，因為許多大型企業的領導者發現，找出最大可能性的設計思考，遠比重視效率的管理思考，更能創作出更大的市場機會。

擁有設計思考的人，往往有著看待事物的另一種眼光。具備兩種以上的專長，才足以面對瞬息萬變的世界，這也是商業理論提出藝術碩士（MA.與MFA.）是繼MBA之後新的商業學位的原因。

我們的世界正從講求邏輯，依循順序與精密驗算的計算機效能與資訊時代，轉化成一個重視創新、同理心與整合能力的時代。

現在是一個跨領域的時代，不只是藝術與設計領域，各類的學習都是一種應用與擴充，是一種新的思考方式，是一個跨領域整合的世代。

別再局限孩子的想像、創造力在教科書裡。一個人對環境周遭的感受性需要被重視，而未來的世界是屬於能夠超越你我想像的特別族群。

孩子的生命樹

當孩子漸漸長大，看著他們，有時我會問自己，我真的懂他們嗎？
他們是不是有著許多身為母親的我難以理解的情緒與性格？
而偶爾我也會擔憂，孩子是否在我所不知道的地方有著小小的傷口？

學齡期階段的孩子，特別看重勝任感或是挫敗後的自卑感，而孩子的自卑感常常源自童年時期與父母的關係。父母親的言行會深植在孩子的記憶中，並影響孩子在成長過程中如何看待自己。

舉例而言，當孩子犯錯的時候，需要的是協助與解決，並不是指責，而父母對孩子指責的語言，對孩子往往具有強烈暗示的作用。

孩子需要時間去適應環境，無論是面對同學的信任與喜愛，或是誤解與排擠。我小心的看待在孩子與同儕之間，是否有貶損的語言，而這些有意或無意的語言是否會傷到孩子的心，但不可否認的，我對於孩子的了解仍有限。

這一次，我帶領孩子們為自己製作一棵「生命樹」。「生命樹」是我給孩子的一種抒發與治癒，我也想透過這樣的方式更了解孩子們。

屬於自己的生命樹，我們將它放在隨處可看見的地方鼓勵自己。樹上結的葉子是鼓勵，是希望。

在製作「生命樹」的過程中，我原本想選用巴哈無伴奏的音樂作為活動前半段的背景音樂，但是孩子們認為旋律太哀傷了，會讓他們聯想到悲慘。

經過一些討論與篩選，最後我們選擇了平靜而穩定的布拉姆斯〈單簧管奏鳴曲〉（in E flat Major,Op.120, no.2），這首樂曲會讓孩子們有沈穩的情緒。

首先，孩子將瓦楞紙裁定好高度後，再將瓦楞紙捲成小捲筒狀當作樹幹。樹幹分為三等分，後方貼上雙面泡綿，然後貼在珍珠板上。

接著，昕仔選黑色，逸仔選深咖啡色，這兩款顏色分別是他們在這次製作「生命樹」中，自己認為最不喜愛的陰暗色。

逸仔與昕仔在最不喜愛的陰暗色的色紙上，分別寫下別人對他們的「不舒服」與「傷害」。

在寫下之前，昕仔擔心的問我：「媽咪，寫在色紙背面的字會被看到嗎？」

我明白著他的擔心。

我告訴他：「不要擔心，這些字是寫在背面，它將被黏貼在紙板上，別人是看不到的。」原來，在孩子的幼小心靈裡，仍有著他們自己想保守的小祕密。

我知道所有的父母都期待著：

當孩子在黑暗中碰壁時，能用微笑面對困境；

當孩子在生活中受到環境的打擊時，能用微笑化解困難；

當孩子心情變得支離破碎時，能用微笑克服一切的負面情緒。

但是，因為每個孩子的特質不同。用「微笑」面對所有的問題，並不是每個孩子都能做到。即使父母留意

孩子專心做著屬於自己的生命樹。

著孩子的負面感受，不吝惜的給予掌聲，但敏感的孩子仍可能有著負面情緒。

我並不想勉強孩子用「微笑」來面對問題。孩子會畏縮與煩惱，這並不是完全的負面；因為透過這些負面，我們反而可以直視現實與真相。

有時「消沈」與「空白」或許是孩子解決問題的過程，也或許是孩子面對自己的方式；與其勉強，倒不如學習接納，反而有機會讓自己更為堅強。

在孩子們寫著這些「傷害」時，我原以為孩子的「傷害」會是條列式的點綴其間。但沒想到連一向在學校被老師所信任、稱讚的逸仔，也寫下滿滿的「討厭」與「傷害」時，我小小地心疼了一下。

我心裡想著，沒關係，這些「負面」的標籤，很快的就會成為你們的土壤與養分，讓你們成長得更為堅強。

隨後，孩子們將這些寫下「傷害」的陰暗色色紙撕下，把它當成「生命樹」的肥料。在撕的過程中，昕仔不開心的說著：「你們通通離開，變成肥料，讓我長得又高又壯……」

我知道，昕仔在乎自己瘦弱的身形，所以當別人誇讚他「帥氣」時，卻抵不過別人對他說一句「瘦巴巴」的殺傷力。

我們把撕下的紙張，當作土壤貼在珍珠板上，再用小吸管作為樹枝，插入樹幹中。孩子接著將色紙摺成四摺、剪下，剪出四片葉子。

我也剪下了四片葉子，分別是「勇氣」、「平安」、「信心」、「快樂」，這是我給孩子們的祝福。

孩子們的四片葉子，都是他們自己喜愛的顏色。逸仔與昕仔兩人互相寫給對方祝福，也為自己寫下祝福與期望。接著，將祝福的葉子用迴紋針別在樹枝上，孩子也將祝福寫在紅色的葉片上，並且彼此交換。

逸仔送給昕仔「長高」與「智慧」，昕仔送給逸仔「學習快樂」與「幸福」。孩子的生命樹將「傷害」變成土壤，也讓「祝福」與「期待」發芽。

給孩子的祝福，它們會成為樹上第一片發芽的葉子。

不是每個孩子都能感受陽光與雨水的溫暖，也許，有些孩子並不想伸手向四周的人要求幫助與答案。但是，我期盼孩子懂得接納自己。

其實，孩子的「傷害」很單純，孩子的「不受傷」也很單純。我反問過孩子，為何害怕被「取笑」？就算被取笑，然後會怎樣？

我試著讓孩子們想想「然後」會怎樣，最後我和孩子們發現「然後」也許真的不會怎麼樣。

我相信，孩子的心，也在慢慢學習著如何勇敢。

孩子需要慢慢學習自我關愛，生命中畢竟有太多的困難需要面對。

我們在成長歷程中，難免會遇到許多超過自己能力所及的事，因為生命原本就並非可以完全掌控，但我們可以做到的是，重新接納修正後的自己，然後我們會重新看見自己的力量。

孩子們在完成「生命樹」之後，問了我一個有趣的問題。

「媽咪，你的心受傷過嗎？」

「如果有小叮噹的時光機讓你回到過去，你有沒有想要改變的事情？」

我會心一笑，我的答案他們也許還不懂。

面對成長的過程，我也有著難以吞嚥的傷痕，而結痂的傷口往往在夜闌人靜時隱隱作痛。

但是，好與不好，全是「我」的一部分，也是我生命中無可替代的軌跡，所以，「我」，全部都接受。我不需要修正不完美，也不想重新選擇。好的與壞的，我全盤接受。但是，我會避免讓不舒服的過去打擾我。

詩人雪萊說：「如果你珍愛自己的羽毛，不能使它受一點傷，那麼，你將失去兩隻翅膀，永遠不能凌空飛翔……」

接受挑戰，總比爬著自己都不想爬的山來得享受。

一切都需要學習，**經驗痛苦與傷害，也是生命需要學習的功課**。

它，讓我學習面對生命的缺憾。當我可以完整的走過，我也學會痛苦帶給生命的意義，學習包容生命的不足。

我希望擁有一個自由且勇敢的靈魂。

我勇敢，我的孩子便知道勇敢。

他們會記得被我全心全意環抱的日子。這些深藏在底層的記憶，將使他們的身體與心靈不再荒涼。

孩子們的生命樹。

是調皮的衣架，還是後陽台的藝術？

一個假日的下午，我正與一位學生在屋子裡的餐廳聊天。

原本在客廳裡大呼小叫「好無聊」、「帶我們出去」的孩子們突然沒了聲音。

接著，我隱隱約約聽到昕仔在後陽台，自信滿滿的說著：「我有個好主意！」

夏日的午後，我帶著輕鬆心情，與學生聊著教學與生活的日常點滴。在這裡的假日生活，閒話家常往往佔去了生活大半的時間；但是，因著輕鬆的對話，也給了充滿思緒的腦袋一個呼吸的空間。

突然，孩子們高喊著：「媽咪，快來看，這是我們偉大的作品！」

我心裡想著「偉大」真是一個不平凡的字眼，居然可以讓我想說出口的許多言語，硬是嚥回我的腦袋與喉嚨裡。

充滿創意與想像力的衣架作品。

放下與阿貓聊天的話題，走到陽台外，我看到一個充滿衣架的堆疊，像是蜘蛛網般的連結，構成壯大的場景。

昕仔自信的說著：「這是公共藝術喔！」

看他拿著曬衣竿，一副揚揚得意的表情，完全沒有考慮這樣的調皮是否會招來一頓責罵。

其實，這遊戲是昕仔的餿主意。

我心裡想著：「還好這後院沒有曬貼身衣物……」

我仔細看一看、瞧一瞧這衣架的作品，其實感覺真的還不賴。

羅丹說：「生活不是沒有美，而是缺少發現美的眼睛。」

美妙的點子，總是藏在日常生活中。

我好奇著他們小小的腦袋，到底藏了什麼寶藏，為何可以如此不受拘束的玩出一個接著一個有趣的遊戲。

在我眼前，一個因著孩子的調皮而完成的遊戲，讓我明白了「美」與「創意」不是學習上的名詞，而是身體力行的動詞。「美」與「創意」，是對生活感知的呈現。對生活的大小事物，有著發現奇蹟的動力；「美」與「創意」，是思考力的考驗，趣味的來源。

原來從自在的步調中，也可以找到貼近生活的靈感泉源。

昕仔脫口而出的「公共藝術」，其實是來自於我們在生活中，常常帶著孩子們逛藝術園區。藉由近距離的接觸藝術，進而讓孩子們喜歡、了解藝術，並讓藝術成為生活裡的一部分。

多數人都認為藝術難以理解，也可能一面對藝術，就尷尬地選擇離開。其實公共藝術具有一種特質，它是一個因著與環境產生的互動關係，而呈現在地的角度與民眾的想像所產生的力量。

它，不只是一種視覺上的觀感，也是一種儀式與土地的對話；即便最後公共藝術被拆遷，也是一種大地循環呼吸的象徵。

透過公共藝術，我們看見在科技人眼裡生冷的科技產業，成了回憶起童年紙飛機的愉快經驗，也因著科技、自然、人作的結合與共存，電路板成了一張親切的椅子。

用有著鄉村特性的紅色磚塊所完成的作品，讓人想親切的碰觸或使用，更像是期待人們應該更慢活。

透過紅冠水雞作品融入樹谷傳說的故事，讓原本的樣貌變形。陶塑形為四隻腳的野獸，成了五隻在湖邊散步的精靈。

修剪過的行道樹枝，化為河畔的一張張座椅；它沿著蜿蜒的河岸，當人們坐在河邊歇息時，像是建立人與河流的對話關係。

河岸護堤下，以植物作為裝置而做成的繽紛的海洋生物，像是一隻隻巨型海星，從岸邊緩緩登陸，並與路人或腳踏車的車友們揮一揮友善的手。

環境與土地、地方與大自然的元素整合，它可能是街道家具的概念，或是藝術概念與建築物的整合。無論用何種形態呈現，藝術的本身是一種人文的本質，而不只是一種裝飾。

藝術工作者們用心的思考如何讓藝術適當的進入城市空間，讓人們經由參與、互動，而得到樂趣與感動。

孩子們得意的與衣架作品合照。

樹火紀念紙博物館。

逸仔與昕仔說要拍張照片記錄，照片中有著他們得意的表情。

逸仔說：「這作品像是一個簾子，有著若有似無的界線，穿梭在另一個空間。」感性的她，對生活總有著許多感動與想法。她像個小小的詩人，總有著許多感觸與文字的聯想。

昕仔則是搔搔頭說：「沒有想法呀！就是因為很無聊才這樣做，幹嘛要理由啊！」昕仔的說法，讓我覺得很像米爸的語氣，他總是輕鬆的看待創作的原因。

昕仔的言語也常常提醒了我，**不要在既定的生活原則中執著，因為當它變成一種習慣性的鑽研，我們就會忘記如何找到一種從容的特質與自在的生活。**

框架是一種限制，但拿掉框架卻也往往是最難的，因為擔心錯誤與失敗；雖然框架是安全的，卻也往往是思考中最大的障礙。

孩子可以自然地與生活溝通，打破制式思考的無形藩籬，是當初我們決定離開城市到這裡生活，尋找生命原點的主因。

孩子們喜愛使用雙手操作生活中的各類材質，連腳邊撿來的葉子與石頭都不放過，他們反覆實驗著各種有趣的遊戲。

逸仔與昕仔會將木棉花的花絮做成一朵朵的白雲，會撿拾掉落的枯枝與匯集石頭，做成門牌，雖然完成作品的過程中偶爾會有失誤，卻也帶來了心得。

逸仔與昕仔常會告訴我：「媽咪，當我們知道撿來的樹葉、花朵與石頭，也許無法做出心裡想要的東西，但卻因為練習而做出來的時候，特別有成就感耶！」

如何有效的表達自己？

它，可能是語言，可能是文字，可能是程式，或者來自於生活中發現的任何小小事物。找出獨一無二、有著獨立想法的思考是很重要的。

這個世界有一種特別的定律，如果你認為什麼都不可能，就真的不可能，但是只要試著自由發想，沒有什麼是不可能的。

美妙的感覺產生，往往是因著眼睛所見，而透過心與手的表達，則帶來了成就感，也因著突破，更帶來了無邊界的信心。

我們選擇的生活，將時間放慢了；有趣的是，當生活大於工作，並不意味工作就會拖延。生活，需要打破界限，與環境有個對話。

看著孩子拆與裝都需要辛苦完成的作品，雖然我嘴巴打趣的說著：「沒整理好，皮就要繃緊，聽見了嗎？」

但是我心裡明白，這些調皮的衣架，因著創意，讓生活中產生驚喜。

當我站立在孩子用衣架堆疊的龐然大物前，我驚訝著，當思考解放後，這創意自由的高度竟是如此意外而獨特。

這一個個衣架是獨立的物體，卻因著排列與堆疊，而組成了一個龐大的趣味性。

一個沒來由的感動念頭在我心裡寫下：「創意，就是要開心，要快樂，因為它已經是一種興趣了。」

創意可以天馬行空的揮灑，也可以透過孩子的合力支援。在這樣有趣的互動過程中，置放在收納盒的衣架，因著調皮而成了後陽台的藝術。

逸仔與樹上的鳥兒對話。

英文的遊戲學習

每週我會提供各種讀本讓John帶著孩子導讀，孩子也必須唸出故事，讓John糾正發音。當孩子讀完故事書後，John會帶著孩子一起討論故事內容，並寫下心得。

之前住在城市的我們，附近學區強調英檢與考試成績排名的補習班林立。但基本上，我對英文的學習要求是「會聽」、「會說」，進而達到「會讀」與「會寫」的能力。我也嘗試過所謂口碑好、學習績效佳的英文學習環境，但是在這些環境學習的逸仔與昕仔都有著不太愉快的回憶。

直到我四處走訪，才覓得適合的英文學習環境。

搬家後的我們，曾走訪附近的英文學習環境，發現大部分的英文學習都是注重在全民英檢資格與學校考試成績，在幾近放棄的狀態下，遇到有著明亮的眼睛和溫暖笑容的John，可以說是逸仔與昕仔的天降甘霖，也因著John的耐性與關心，逸仔與昕仔對英文開始有著極大的興趣與自信。

John是學校的交換學生，在美國已經取得藝術碩士的他，想到亞洲學習中文，所以考取了獎學金到台灣進修。來自明尼蘇達州的他，有著好脾氣與修養。不知是不是主修雕塑的關係，John有著纖細而敏感的心，對孩子也從不吝於鼓勵。

不會說中文的John，充其量只會說「謝謝」，所以對逸仔與昕仔最大的好處是，他們必須想盡辦法用英文溝通，無法賴皮。

一開始，我與John溝通，我對孩子上英文課的期許是「聽」、「說」為主，其餘我並不在意。因此，每週我會提供各種書本讓John帶著孩子一起讀，孩子也必須唸出故事，讓John糾正發音。當孩子讀完故事書後，John會帶著孩子一起討論故事內容，並寫下心得。導讀後的分享有時是故事書的主題，有時是John的天外飛來一筆。

然而，我發現John的指導方式很有趣。

John會提供各種動物的特徵，試著讓孩子解釋每個動物的外觀、特性。孩子可以將三種動物的特質結合在一起，例如鳥的翅膀＋猴子的尾巴＋大象的鼻子，如此創造出另一個形體。

接著John會鼓勵逸仔與昕仔表達這些創造出來的動物可以有何種生存能力，讓逸仔與昕仔竭盡所能的天馬行空。

John在第一堂課時，畫了一幅畫，他解釋了大自然的景象。

孩子們也畫下了心中平靜的海洋，並解釋著自己心裡繪製出的圖，他們使用自己所知道的英文解釋自己畫出的意境。孩子調皮地說著：「畫少一點！」因為畫得多就必須使用英文解釋得更多，畫得少就可以偷懶一些說得少。

有許多想法想說，但卻未必能說得出來，這就是英文的知易行難。

有一次，我提供蒐集來的文法書讓John作為參考。他開玩笑說，也許他應該來台灣學文法，因為他無法想像另一個國家可以將文法歸納成如此龐大的系統。

對於我所擔心的孩子洋涇浜的發音，John告訴我，他到十一歲時仍有許多音節發不清楚，所以不要太在意。

我想這是沒接觸過台灣英文補習文化的美國人，真實的說出學習語文的意義。

對於英文學習一向抱持著Easy English態度的我，在孩子的幼幼期，並沒有實施所謂的全美或雙語教育。我選擇以中文教育為主，英文遊戲為輔的學習方式。

所幸，對英文不恐懼的逸仔與昕仔，並沒有因為晚起步而影響學習，反而因為他們對英文的興趣而漸入佳境，並且抱持高度的學習興趣。我約略提供自己用過的教材，這教材也因著不同的年齡發展而改變。

口齒不清，愛玩遊戲的零至一歲時期：

我在Costco賣場所買的遊戲書，因為嬰兒期的他們愛玩，書在幼兒的眼裡是玩具，而可以移動的字卡比較容易吸引幼幼期的孩子。因為擔心發牙期的他們會亂啃，所以我特別選了較厚的書籍。

所幸，這些書本沒有被啃光，雖然書上還有著孩子們相當清楚的齒痕。我開玩笑地說著，也許將來我當阿嬤時還可以用上也說不定。

開始亂說話，胡亂發音的一至三歲時期：

開始學語文的逸仔與昕仔，說話常常漏風，不過對於有韻律的英文發音，卻有著高度的興趣。因此，經過設計，朗

朗上口的Phonics Songs對於孩子是有幫助的。

如果可以，還可以來段數來寶呢！

開始好奇，想要探索環境的三至四歲時期：

會唱著Phonics Songs的孩子，可以嘗試閱讀一些簡單的小書。

我選用一些與大自然有關的小書，與日常生活有著緊密的關連，小書上提到的情況，也普遍能在日常生活中觀察得到。

這時的孩子，喜歡問為什麼、什麼原因，所以，大大的圖片與生態有助於滿足他們的好奇心。

除了小讀本外，我省錢的製作了一些小小的圖卡，提供孩子玩排列遊戲。

例如英文的句子，可以用類似拼圖的方法，分類的將This、That、I、You……用相同的顏色寫上，然後am、is、are……是另一種顏色……別忘記還有句點、逗點、嘆號、問號圖卡的設計。

台南後壁鄉土溝村。

這個時期的我，並不會要求孩子必須正確地拼出單字。初期的他們會依照顏色找位置，當拼圖完成，也順便把字形約略的記住，孩子喜愛這種「找找看」的遊戲。

除了句型外，此方法也適用於拼單字的遊戲。

可以學習與記憶的五至六歲好時機，與進入小學一年級：

這是一般孩子準備進入小學的前一時期，此時，尋找一些主題簡單、故事內容有趣、句子不長的書籍，比較適合孩童閱讀。

當孩子可以開始簡單閱讀一些小書，我選擇一些孩子喜歡的題材或生活中流行的事物。例如當紅的熱門電影：《夏綠蒂的網》、《史瑞克》、《納尼亞傳奇》與《未來小子》等等，孩子通常比較有印象，也比較有閱讀興趣。

也可以從閱讀當中，回想之前看的電影的情節。通常，這類的書對逸仔與昕仔最有吸引力。

另外有一些故事書，是書本配合有聲CD，有著劇場化的戲劇性，例如《薑餅屋》、《白雪公主》、《維尼熊》等，這些都是孩子現在還是會反覆閱讀的故事書。

不過，此時我會在特定時間與孩子共讀，我要求他們將書本唸出，以檢查發音，還有句子的段落與呼吸。

孩子很喜愛與生態有關的介紹，有了小小英文基礎的他們，也可以用英文閱讀這些大自然的書籍。字典手冊，是提供孩子查閱與寫作文時使用。簡單歸類的圖片，讓逸仔與昕仔方便查閱看單字。

這些是我個人曾使用的書籍，並沒有太強調哪一個出版社，因為坊間其實有許多相近的書籍。只要覺得好用，編排喜歡就可以購買。基本上我僅選用一至兩種即可。

我並不建議大量購買外文書籍，因為孩子進入小學後，有許多的課外閱讀，如果加上額外的英文課後學習，這些添購的教材反而因為沒有使用而造成浪費。

對於英文，我認為它是語言工具，以實用為主要目的，而且有環境的搭配才能真正發揮功能。所以如果可以安排一段需要使用英文的旅遊，孩子會知道學習語言的目的是為了生活，而不只是為了成績。

我一直認為學英文是增加自己的生活觸角，是明白另一種文化的工具，尤其孩子現正處於全球化的世界觀之中。

學習不要成為壓力，使得孩子壞了學習胃口。
知道「需要」，孩子便會找到學習的動力。

台灣文學館密室的探險。

獎狀藏在背後的母親

前陣子，我們認識了一位在逸仔口中稱讚連連的「小姊姊」。她是數學競試表現優異的高手。

有一天，逸仔嘟著嘴巴回家說，下一個學期不會再遇到「小姊姊」了。我好奇著「小姊姊」離開學校的原因。

原來，「小姊姊」的母親正準備辦理轉學手續。這決定讓我很訝異。

我認識一位媽媽朋友，她的孩子經由智力團測，即將被推薦進入設有資優班的學校。在推薦進入資優班的觀察期間，老師發現她孩子的學習態度積極，對課業學習反應不錯，所以參加了越級考試，也順利通過了。

不過，這位媽媽並沒有選擇讓孩子進入資優班，也沒有參加學校數學競試種子隊的培訓，甚至，放棄了跳級的機會。

當然，這位媽媽曾經猶豫過，也努力評估過環境。她發現這樣的學習環境要承載高度的期待與父母間的較量，也擔心孩子未來無法承受資優光環。

她思考著：「什麼是教育的價值觀？是菁英？是栽培？是比賽？還是獎項？」

這位媽媽認為尚在發展中的孩子，是一個還在觀察中、摸索中的學習過程。她希望孩子用多元的角度看待自己與生活，她也不希望孩子因為跳級而承擔被人高度注意的眼光。

我想，她要的是孩子健康的成長、健康的茁壯、健康的價值觀……。生命，會為自己找到出口。

因此，她成為一個將獎狀藏在背後的母親。她希望孩子看見的不只是學問，而是生活寬廣。不過，在她選擇退出資優班的環境後，也有家長抱持不認同的態度，認為這位媽媽唱高調。

基本上，我理想中的教育是享受學習，教育的出發點是為了體驗生命，而不是體驗成績，所以，我支持這位媽媽的決定。

二〇〇八年，我們決定離開城市，體驗鄉居生活。在準備打包一屋子的家具與書籍、雜物時，偶爾會與一些媽媽朋友們相聚。

有一天，其中一位媽媽的孩子，在畢業典禮時拿了大獎，這是一個很不容易得到的獎項。

得到大獎，受到大家的稱讚是應當的。

A媽說：「你老大真是聰明，一定是基因好的遺傳。」

B媽說：「在哪兒補習？成績這樣好，趕快介紹一下。」

C媽說：「你是如何幫孩子建立好的讀書習慣？每天要花多少時間閱讀？」

D媽說：「她幼年期有參加潛力開發課程嗎？」這位媽媽正大著肚子，苦心於孩子的胎教中。

E媽說：「孩子如此優秀，肯定是媽媽用心栽培的結果！」

F媽說：「孩子的智商是多少啊？」

媽媽們繼續不斷地提出各種疑問。

我只約略記得在我小學畢業時，連全勤獎都沒有。如果沒記錯，我雙手除了畢業紀念冊，幾乎是空空兩串蕉般地離開畢業典禮會場。

我在一片「好棒！好棒！」的聲浪中，腦海裡盤算著廚房餐具要如何打包可以省空間，搬家的流程與家具要如何擺設等等。我想像搬去的新家，要將整個客廳佈置成書牆，讓孩子在滿溢的書香中成長。後院要種上可以煮食的各種蔬菜，每一季收成時，再驕傲的跟孩子說：「你們看！這是我們自己辛苦種來的喔！」

當我正陶醉於美妙的幻想中時，突然間，大家都安靜了。大夥兒的眼光全往我這兒投射過來。我知道他們衷心希望我能說上一些鼓勵的話。

「我……我……是在想……當時……我……我……們學校拿……拿……拿市長獎的同學到哪兒去啦？」

我想，我一定是打包打到頭昏腦脹了。

前陣子，我們認識了一位在逸仔口中稱讚連連的「小姊姊」。她是數學競試表現優異的高手。逸仔常在校園幫著在操場跑步的「小姊姊」照顧書包。

有一天，逸仔嘟著嘴巴回家說，下學期不會再遇到「小姊姊」了。我好奇著「小姊姊」離開學校的原因。

原來，「小姊姊」的母親正準備辦理轉學手續。這決定讓我很訝異。

如果我記得沒錯，這位「小姊姊」剛參加完數學競試比賽破了紀錄，按常理說，這階段正是一個榮譽與成績表現相當亮眼的景況，怎會有轉學的念頭？

某一日，我在家中附近的超市與「小姊姊」的母親相遇。「小姊姊」的母親有一雙溫柔的眼睛，說話不疾不徐。我們找了一個咖啡店坐下聊天。

「我的決定很奇怪吧！但是，這是我們家人共同商討出來的決定。」聽著這句話的同時，我感覺這位母親有著一個特別的聲調。這聲調讓我知道，她是一位不一樣的母親。

「我並不覺得奇怪，只是心中有著很大的好奇，因為多數的父母都希望孩子朝著成績好、比賽佳的榮譽前進，你卻在此時做了一個不一樣的選擇，所以我真的想聽你談一談你的想法。」

其實，在「小姊姊」的媽媽尚未開口前，我心中已約略有答案，但是我想確定的是眼前這位媽媽的想法是否與我心中所想的一樣。

「這其實也不是一個多麼令人好奇或偉大的理由。只是單純因為孩子年齡小，我和先生都不希望此時孩子只往數學的領域走。

「她的發展機會還有很多，學問無止境，如果她只在數學的領域中專研，卻忘記其他學習的美好，以及內心不斷在意著得獎與否，帶著強烈的得失心求學，那麼，我寧願

她是多元發展的孩子。

「等到有一天，這孩子清楚，也明白自己真正的興趣，那麼，這便是她真正的決定，而不是因為榮譽帶來的選擇。」

那是一個美妙的早晨，我聽見天使的聲音，我遇見另一個將獎狀藏在背後的母親。

米爸喜愛引用莊子的說法——「無用之用，是為大用」來延伸自己的教育觀。

「當孩子沒有被刻意栽培在某個單一領域時，他會吸收來自四面八方的養分，這養分會像一棵大樹的主幹一樣，不斷的長高。

「主幹的成長若被限制，養分便會流於旁枝；這棵樹便在旁枝中擴張，忘記向上成長的力量。」這是一個來自放牛班父親的深刻體驗。

因為不被期待，所以可以盡情的享受自己喜歡與堅持的學習，相對於必須保持成績的模範生的壓力，米爸可以說在放牛班找到春天與自在。

主婦的身分，在我眼裡是一個智慧的象徵。

我也在養育孩子的過程中，發現自己與想像中的我不同。

孩子種的豆苗。

我曾試著想，當我話說得太多時，孩子是不是話就變少了？

情緒不斷在變化的孩子，他們偶爾會在房間裡耍脾氣。此時，我在隔壁聽著他們情緒化的嚷著：「我好煩！」「氣死了……」

不禁止孩子發怒、生氣，先試著讓孩子宣洩情緒，等情緒被消化後再進行對話，是一個讓我與孩子彼此都比較不會受傷的溝通方式。

每每看著孩子哭紅的雙眼，我總是先來一句：「我知道你在生氣……」「你可以發怒……」「沒關係……」

在孩子有情緒的時候，試著讓自己位置站得比他高來看待情緒，再試著以相同高度的同理心來看待他所面對的事情，最後試著比孩子低的角度，一同表達你也正感受著他的忿忿不平。

心理學上，常以「猴子」譬喻「情緒」。

當孩子往你的臉上丟猴子時，父母不是將猴子丟回孩子的臉上，而是將猴子先關進籠子裡，否則會讓猴子抓傷。

因為互相丟猴子，只會讓猴子越養越大，抓的傷口越多。

「籠子」說的是「消化」，「互丟」說的是「言語的反擊」。反擊帶來的不是自覺，而是彼此傷害越來越深的關係。

孩子需要找到放鬆的方法，父母也需要找到消化自己情緒的方法。

其實，孩子很靈敏，當他們看見你的表情時，就猜測得到你接下來要說的責備或話語。大人需要消化自己的情緒，孩子也需要，所謂快而有效的方式並不適合每一個家庭。

遇上這樣的情況，我和米爸會選擇以分別帶開的方式，輪流帶著孩子出去「約會」。所謂的「約會」，就是讓孩子們選擇想去的地方，做他們想做的事情。孩子們在開心之餘，透過聊天，我們藉此了解逸仔與昕仔在學校的人際關係與課業的學習。

坐下歇息時，我和孩子用肩並肩的方式坐著聊天，這比面對面，嚴肅的進行「聊天」，效果好很多。

我喜愛用「時鐘」來譬喻孩子的成長。

如果人的一生用二十四小時作為比喻，那麼十多歲前的孩子尚未到應該起床的六點鐘。一天的美好正要開始，所以不要輕易的打斷孩子正在睡眠中儲備一天活動的體力。

即便自己現在已年過三十，我仍覺得有許多需要調整、努力的空間，甚至，我覺得自己還有許多未知的可能性可以發展。

所以，我支持在未成型的學習階段多方嘗試，眼觀八方。

我想告訴這些藏著獎狀，或默默在背後努力的媽媽朋友們，「主婦智慧獎」是每一位母親應得的鼓勵。

愛上閱讀

時間一點一滴的過去，我漸漸地看見，那些我「曾經」閱讀過的書籍，在孩子的手上翻閱著，有著小小的摺痕。

我不知道，孩子對於書本裡的文字，與我是否有著相同的情感，但我知道，我們在不同的時間，卻在同一個位置的閱讀街道上，相遇了！

有一天，他們會在我當時的年紀，繼續翻閱著我的「曾經」……

孩子，喜愛與我到圖書館尋寶。

有一天，孩子會離開教室，但是，我期待他們一生與「圖書館」保持親密的關係。

到圖書館時，我們往往先到兒童的童書區，翻閱上次未完成閱讀的書籍。

逸仔最近喜愛上安德魯・克萊門斯的校園小說，與酷小說的精靈事件簿系列，並且常與昕仔討論故事的發展。

兩人有了共同話題，也增加了閱讀樂趣，是手足間不錯的互動方式。

酷小說系列除了精靈事件簿外，還有神奇樹屋系列，這兩套小說都有中、英文版本。**中文版的閱讀完畢後，因為故事情節熟悉，可以接續閱讀英文版本，是一種因樂趣而學習英文的好方法**。

圖書館走道的兩旁各有一排低矮的書櫃。

期待閱讀能成為孩子一輩子的好朋友。

許多書，幾次在書架上，被漫不經心的我拂指而去，或是有那麼幾次不經意翻看幾頁。圖書館的書，連結了許多人的情感，它不只是無聊時的陪伴，而且孕育了許多連結的交集。你會在借閱的書本中，看見摺頁、輕微的畫線、衛生紙的碎屑……

這些不經意留下的閱讀痕跡，像是訴說著借閱者鍾愛的段落與章節，或是每個當下的閱讀進度。看來森嚴的圖書館，因著人與書的相遇而打破了嚴肅。

人們在現代與過去的歷史點滴、古往今來中，有了進一步的思考與對話。

即便在我手掌上躺著的書，語意與辭彙是如此的艱澀難懂，我也明白，那無法理解的意境像是告訴我：「你不需要馬上理解我、懂我，好朋友不是一朝一夕的相處……我們需要一些時間，我們需要一些默契……」

我乘坐著文字的魔毯，在重疊或綿密的時空中自由遁走，被引導至沈思的祕徑。

我回想自己青少年所閱讀的書籍，從《先知》開始。

我始終記得手裡拿著書，對著只有幾管日光燈光源，那是一個放滿書櫃，還有幾張桌子的閣樓，有著古老氣派的老式建築天花板，圖書館牆邊散佈著尺寸大小不一的老書。

時間的長河與空氣在眼前經過，書本，帶我穿越了時間與空間，無聲無息。

你可以在細緻深沈的文字當中愛不釋手；每當沈浸當中，國英數史地的教科書全都丟在一旁排排站。

所有的焦慮和不安也在字裡行間凝結，這是我與文字的相遇。

紀伯倫在《先知》說到「孩子」：

你們的孩子並不是你們的孩子。
他們是生命對自身的渴求的兒女。
他們藉你們而來，卻不是因你們而來。
儘管他們在你們身邊，卻並不屬於你們。
你們可以把你們的愛給予他們，卻不能給予思想，因為他們有自己的思想。
你們可以建造房舍蔭庇他們的身體，但不是他們的心靈，
因為他們的心靈棲息於明日之屋，即使在夢中，你們也無緣造訪。
你們可努力仿效他們，卻不可企圖讓他們像你。
因為生命不會倒行，也不會滯留於往昔。

年輕歲月時與《先知》的牽引，卻轉為對教養孩子的養分，這是我的始料未及。

我曾在意著，如果有一天，你問了孩子一個問題，而孩子告訴你：「我也不知道

啊，因為大家都這樣。」

我曾在意著，孩子，選擇了條條大路往羅馬去，卻看不見那充滿樂趣的幽僻小徑。

美國詩人佛洛斯特在〈沒有走的路〉一詩中說道：「黃樹林裡分岔著兩條路，只可惜我不能都踏行。我，單獨的旅人，佇立良久，極目眺望一條路的盡頭，看它隱沒在林叢深處。於是，我選擇了另一條路，一樣平直，也許更值得，因為青草茵茵，還未被踩過。若有過往人蹤，路的狀況會相差無幾。

「那天早晨，兩條路都覆蓋在枯葉下，沒有踐踏的污痕，啊，原來那條路留給另一天吧！明知一條路會引出另一條路，我懷疑是否會回到原處。

「在許多許多年以後，在某處，我會輕輕嘆息說：『黃樹林裡分岔兩條路，而我，選擇了較少人跡的一條，使得一切多麼的不同。』」

透過閱讀與思維，我明白了讀書與成就不是一種能力指標，而是引導孩子在適情適性的專長上，找到自己的位置。

愛上書，愛上閱讀，然後，你會更懂得愛自己！

閱讀，帶來了文化，而這個世界沒有比文化可以走得更長遠的事情。

閱讀的國度，跨越了空間與時間。它，不需要勉強，不需要遠行，無須離群索居，只要有個好定點，深呼吸，便能同步接受文字的洗禮。

有一句名言：「一部好的字典，不在於解釋字彙，而是讓人感受到『需要』這個字彙。」我相信，「需要」不只是在字典，而是讓閱讀成為一種習慣。它，禁不住好奇心在內心中的騷動，「需要」成了一種閱讀的渴望。

閱讀空間不在於「設備」，而是一個適於閱讀的「環境」。

如何將閱讀自然地引入生活空間，是我們對家庭生活安排的重點。

在家中，我們安排了一個固定的閱讀時間。這段時間，孩子與我們一起坐在沙發

高雄夢時代廣場。

上，我們做著同樣的一件事情。

閱讀的書牆，是水泥屋裡的一帖清涼配方。

我唸著書，幼幼期的逸仔與昕仔坐在我的懷裡或躺在我的腿上。

那是一段情感的刻劃，有著說故事的聲音，與身體擁抱的溫度。

漸漸長成的孩子，用著他們的小手翻閱著書本。書本的內頁，記錄著孩子閱讀的日期。他們逐步完成的閱讀進度、寫下的閱讀痕跡也緊緊地與書本靠著。

時間一點一滴的過去，我漸漸地看見，那些我「曾經」閱讀過的書籍，在孩子的手上翻閱著，有著小小的摺痕。

我不知道，孩子對於書本裡的文字，與我是否有著相同的情感，但我知道，我們在不同的時間，卻在同一個位置的閱讀街道上，相遇了！

有一天，他們會在我當時的年紀，繼續翻閱著我的「曾經」……

逸仔說：「書籤，是將手與書，牽在一起……」

那麼，我們穿越時間的記憶，也牽在一起了！

認識五線譜前的尋寶遊戲

上了小學的他們，有一日聽見班上同學彈奏著卡農的鋼琴版，回到家的他們興奮的說著：「媽咪，我們在學校聽見一首好耳熟又好好聽的鋼琴曲喔！」

我和米爸的職業，總是讓孩子的同學或師長好奇。一位是從事藝術與設計的父親，一位是從事音樂與創作的母親。在一般人的想像中，這是多麼羅曼蒂克的生活。

多數人以為這樣的家庭，家中的裝潢必定有著極致的極簡主義，或者高級的巴洛克富麗。

有著異國情調的手風琴。

從冷調理性到色彩豔麗，這些假設與想像色彩的光芒，跳動於朋友與同儕的目光中。他們以為，家中登門造訪的多半是雅痞、文人、墨客、愛樂者，十天半月便來個音樂或劇場的表演藝術洗禮。

然而，孩子的父親，將年少的健康與夢想、逝去的青春、生命的追求與樂觀、教育理想的執著，刻劃在他的作品中。

孩子的父親，是用生命創作的指揮家，他充滿想像力的雙手造就了視覺的饗宴。

孩子的母親，使用著音符與樂器，宛如畫紙與畫筆的相遇，傳遞著每一幅作品的故事，再隨著生命的歷練，娓娓唱出音符。

孩子的母親，在櫥櫃、鍋碗瓢盆之間，找到奇異的共鳴與聲響。

孩子的父親與母親，將天真的幻想、陳舊的作品或樂章收在倉庫裡，也收藏著尚未實踐的理想與期待。

孩子的父親與母親本該在天空競逐或飛翔，但為了這個家，他們手中握出了皺紋，刻劃出孩子的笑容與憂傷。他們盡心盡力撐起這個家。

這是我們極為平凡的故事，沒有傳奇性，也沒有太大的幻想。

創作者與表演者在不同的場域詮釋生命，任何一位都是生命的創作家，在不同的地方使用著不同的材質完成一件件作品。

幸福，像是小圓點可以串成點線面的空間；拍照，像是用著另一雙眼睛看世界；Folk Song與Bossa Nova是田園的有機音樂。

到殿堂找尋藝術生命，我會說：「讓我們一起迷路吧！」

從生活中，掘出一條藝術生命的水流，從自身反省到關切環境與生命。

藝術，不需要路徑導引，「真實的體驗」才能讓創作者將體驗化為栩栩如生的作品。

人人皆有藝術性，如同每位父親與母親創造繼起的生命。每一位父親與母親盡心盡力的建立，皆是藝術家庭。

掙錢，是一個不爭的事實，我們必須努力工作才能維持家裡的開銷與生活。

然而，生活看似重擔，而重擔裡的甜蜜與勞動，可以嘗到流汗的滋味，這滋味帶來了家庭的幸福與簡單。

人要流汗才會健康，靈魂也要鍛鍊才會發光。

在辛苦工作的過程裡，我們與一般人無異。我們也會遇到生命中的選擇與關卡，這些關卡就像是花藝中的「剪枝」。

花朵，需要剪枝才會綻放。「剪枝」，是為了讓花能孤注一擲、綻放得更為美麗。

當我以一種母雞帶小雞的心情，把握著每一段陪伴的心境與幸福，就是不斷儲蓄在生命中的幸福存摺，累積生命中的美好回憶與能量。

給孩子的關愛與陪伴，它深深的植在孩子的耳裡，成了一首美麗交響曲。

孩子與爸爸，拿著廚房的鍋碗瓢盆，來個「廚房異想天開音樂會」。

看著他們在餐廳裡，自得其樂的打著節奏，舞動著身體，當下的快樂就是簡單的幸福。

偶爾節奏出差錯，卻又能適時的歸位，就像在教室裡看到窗外風景美麗而偷跑出去的小朋友，總會在適當的時機回到教室的座位上。

孩子用著那甜甜而稚嫩的聲音，模仿唱著幼幼期所聽來的歌曲，在我耳裡，可是一點也不輸義大利的男高音帕華洛帝。

我們的合奏，來自日常的生活，不經意的細節所延伸的尋寶樂趣。我想，它早已是一首生命之歌。

孩子在鋼琴上，自己使用著耳朵的聽覺，尋找鍵盤上一顆一顆的音符。這音符，不是因著譜上的記號，而是孩子腦海裡揮之不去的聲音。就這樣找著找著，像是鍵盤上有著寶藏。它可能藏在白鍵上，也可能躲在黑鍵底，這是一個好玩的遊戲。

找到寶藏時，他們眼底的成就感與驕傲的眼神，不是來自於嚴苛的學習，而是找到耳裡的聲音。

認識五線譜前的尋寶遊戲，讓逸仔與昕仔不會對音符感到壓力。這可不是眼睛與手指的忙碌配合，而是一個建立手與耳朵產生連結的好玩遊戲。

孩子在幼幼期聆聽的音樂中，我多數選擇巴洛克時期的音樂。巴洛克時期的音樂旋律，多為四小節或八小節的短巧簡明樂句。節奏的變化與速度單純，全曲音樂是淺顯而明白的節奏。音樂中的曲調簡單清楚而變化豐富，樂曲的大、小調感覺很明確。這些特

質給予幼幼期的逸仔與昕仔穩定的情緒。

除了穩定，蘊涵在巴洛克音樂的底層，則有著演奏的自由和無限的可能性。器樂演奏者並非始終依照樂譜完成演奏，只要能遵守和弦的指示，附加的演奏方式可以自行變化，演奏上聲部的樂器，可以自由為旋律加增許多裝飾。

巴洛克音樂是賦予演奏者相當大自由的音樂，是作曲家、演奏家和聽眾合而為一所創作的音樂。帕海貝爾（Pachelbel）的〈卡農〉（Canon in D major）是孩子從幼幼期便記憶深刻的音樂。

玩著積木的他們，〈卡農〉是最好的背景情境音樂。在遊戲的時候不經意給予音樂，是最為自然且沒有壓力的學習方式。

上了小學的他們，有一日聽見班上同學彈奏著〈卡農〉的鋼琴版，回到家的他們興奮的說著：「媽咪，我們在學校聽見一首好耳熟又好好聽的鋼琴曲喔！」

兩人開始在口中哼唱著，我一聽，笑笑說：「這是從小陪著你們遊戲的音樂啊！」

昕仔說：「媽咪，放給我聽。我好喜歡這一首，它是一首鋼琴曲嗎？」

我笑著說：「不是喔，它是一首三部小提琴、數字低音（通常由大提琴擔任）編制的樂曲。你所聽的鋼琴演奏，是改寫後的版本。」

《卡農》是一首三部輪唱，加上低音部不斷重複和弦的音樂。

由數字低音（通常由大提琴擔任）奏出兩小節的旋律，然後不斷地重複（稱作頑固低音的音型），一共反覆了十八次，成為樂曲的主幹。

高音部由小提琴擔任，由第一小提琴奏出主旋律，第二小提琴、第三小提琴分別相差兩小節依次加入，演奏與第一小提琴完全相同的曲譜。

在音樂線條上不斷地變化，以簡單的架構發展，遵守著嚴格的對位法則，規律且不斷地發展，節奏和音量逐漸加快、加強，最後光輝地結束。曲式雖嚴謹，作曲家卻在嚴格的形式中作自由的變化。

我趕忙將音樂播放給孩子聽，昕仔特別鍾愛高音小提琴連續音群的那一段音樂，而逸仔則是喜愛著穩定、不斷重複著旋律的低音。

在聽音樂當中，我與孩子起舞，環抱著孩子來段雙人舞，扭動著肢體，有時，再來個調皮的迪斯可或搞笑搖滾的步伐，笑說這是〈卡農〉的輕盈。

音樂裡的每一個樂器聲響都是獨一無二的，每一位演奏者都有著自己的位置與責任，沒有一個人的演奏是多餘的或是附屬的。

每一個聲部都有著屬於自己的獨立思維，可是，當它們合奏在一起時，卻又能渾然一體，成了人們耳裡踏實的音樂。

孩子天外飛來一筆的說：「媽咪，我們想畫下聽到旋律時的心情！」

他們在手舞足蹈之後，揮灑著水彩筆，享受著顏色與顏色調配的各式創意。

繪圖中只有各式的顏色交錯，沒有形體。我知道，這些顏色表達著他們感受到音樂中的美好。**幸福，不在於形體，而是在於感受**。

我所認知的藝術不只是一技之長，追求美感也不一定得花大錢。

它，是一種態度與精神，是藝術在生活裡潛移默化的力量。

對於音樂或藝術，如果年紀尚小的孩子呵欠連連，我會說：「**沒關係，就算不懂，旋律或畫面仍會留在腦海中**。」

起床，來個富有節奏的旋律催促振奮。睡夢前，是輕緩悠揚的搖籃曲，是進入夢鄉的開始。這是我們讓孩子接觸音樂、藝術的自然態度。

藝術的可貴在於感受。當音符變成了聲音，聲音成了調色盤的顏料，藝術是我們生活的調味劑。真切的感動隨處可尋，看見微風中，一株小草或一朵花的搖曳，也可以開心。我們在歡笑中聆聽了音樂，完成了繪圖，這是我們的簡單。

簡單的感動，簡單的開心。

電影的多元學習

當孩子看完電影《貧民百萬富翁》。昕仔對於男主角的哥哥死於堆著鈔票的浴缸之中，有著許多不解。他總是問著：「媽咪，他是因為很愛錢，所以希望死掉的時候，身邊也堆滿了鈔票嗎？」

這是一個有趣的問題，我希望這個場景帶給昕仔的不是恐懼，而是對生命更為貼切的寓意。我問著他：「你覺得人活著最重要的意義是什麼？你生命中最重要的東西是什麼？」

學生時代的我，喜愛在空檔時間到光點或一年一度的影展趕場，餵飽自己愛看電影的興趣。我鼓勵大家常進電影院，原因不只是因為畫面與聲光效果，而是在一個讓自己

專注的空間看電影，會產生許多的想法。

如果問我為何喜歡電影，最大的理由，在我的心中，電影是一個很神奇的發明。電影像是一個獨立的世界，影片中的人物也許已經死亡，卻因著影像的存在而鮮明的活著。電影院就是有著這樣神奇的魔法，將你帶進一個奇異的世界。

影片中，總是可以看到一些在我們實際生活裡出現的情節或人生。從電影中，我們會明白別人與我們有著相似的經歷。

在電影裡看到自己，像是為自己帶來勇氣，知道自己所經歷的並不是唯一。

透過電影，除了情緒的共鳴，也帶來一些明白，明白即使在無奈的現實中，仍有夢想與實踐的能力。我喜愛尋找著不因時間而改變的感動。離開電影院後，仍帶著這份感動回到自己與生活。

成家後，愛看電影的興趣仍未改變，在孩子的幼幼期，不得不錯過許多進電影院的機會；當孩子漸漸長大，我們終於可以攜手再度回到電影院。

《瓦力》是皮克斯3D動畫的作品，由《海底總動員》導演Andrew Stanton所執導的第二部動畫片。這部動畫描述好幾百年以後，地球的污染嚴重、垃圾堆積如山，因此人類紛紛移居到外太空居住。

逸仔昕仔喜愛瓦力。瓦力不善言詞，卻對於環保有著過人的意志力。

打掃機器人瓦力的任務是在地球打掃環境，希望有一天環境變好之後，人類能夠再回地球定居。故事中的瓦力，每天從垃圾堆中帶回各種奇特的物品當作自己的收藏。影片中透過輕鬆而不教條的方式，帶給孩子環保與愛護地球的觀念。

電影中，人類因為過分依賴電腦與機器人而發生問題，而在一切都是虛擬的人際關係的社會裡，人類面臨諸多考驗。

人與人之間，還是需要透過互相幫助來建立價值觀，人與人之間，只有在真實互動時，才能建立真正的情感。

最近，台北市立美術館展出「皮克斯動畫展」。從展出的第一天起，孩子便立下絕不錯過的承諾，等那天到了台北市立美術館展場，人潮甚多，雖然擁擠，卻仍不減孩子的興趣。

逸仔與昕仔幾乎是黏在展覽場不走，尤其是昕仔，「皮克斯動畫展」對他而言，簡直像是他夢中的奇幻王國。

皮克斯動畫帶給我的最大印象，是一群長得毛手毛腳的怪物，是不受歡迎的角色。但在人們眼裡不受喜愛、不討喜的角色，卻成了皮克斯電影中的主角。

電影能帶領孩子看見不一樣的世界／嘉義布袋漁港。

原以為「皮克斯動畫展」展出的內容僅有動畫電影的幕後製作過程，但是，當我們看到動畫師的手稿裡出現一張張不熟悉的臉孔時，我和孩子又驚訝又感動。巡迴展的策展者提出這次展出的構想：「無論處於動畫製作的哪個階段，每一件都是藝術品，而創作者們也都是不折不扣的藝術家。」

被淘汰的手稿或泥塑作品雖然無法隨著電影問世，但皮克斯動畫的幕後，卻與幕前一樣精采。

一部動畫電影是來自一個百人合作的團隊，歷經多年的製作，從造型、腳本、著色、雕塑、繪景，累積了數量相當可觀的作品，然而在動畫電影的選角中，卻無法讓每一件作品都一一上場。

在上映的大銀幕中，觀眾們看見雀屏中選的主角，而中途被留下的手稿作品，則是隨著「皮克斯動畫展」展覽旅行世界。

「被淘汰的，絕非失敗者。」被淘汰的角色，皮克斯都一樣看重，一樣珍藏。

在皮克斯的動畫創作團隊裡，他們創作的劇本角色有時高傲，有時怯懦膽小，面對同伴有難不一定英勇無比，見義勇為，所以故事中的角色呈現了恐懼、驕傲、莽撞、固執等等弱點，像是現實社會裡人們真實的性格。

圓滿的幸福快樂的結局令人覺得天真夢幻，而皮克斯的真實，卻是深刻的捕捉人性，讓這些有弱點的主角，更貼近觀眾。

尼莫的害羞與怯懦，瓦力的口拙不善言詞，動畫裡的角色性格不甚完美，讓人們在觀看這群有缺陷的角色當中，因著真實而被故事吸引。

「皮克斯動畫展」的展覽讓我與孩子明白，皮克斯電影裡最令人驚豔的不是3D動畫技術的高超，而是利用科技創造出一個有別於美滿祥和世界的邏輯，背後有著深遠的生命寓意。

動畫電影除了溫馨的呈現方式，也有科技與媒體整合的大場景，《變形金剛》便是以真人版與3D動畫科技結合的電影。

壞人代表的狂派密卡登與好人代表博派柯博文的對戰，加上電影情節中的笑梗趣味、機器人永遠死不了的情節，已深植在成人與孩子的腦海中。《變形金剛II，復仇之戰》的首映，讓逸仔與昕仔從電影預告廣告一開始，就每天不斷提醒我和米爸。

但回想上次看《變形金剛I》的景況，視覺異常刺激的情節，讓我們發現一些視覺刺激對孩童的影響力。當孩子看電影時，他們對於電影情節中的敘述邏輯會不斷提問，而待孩子觀賞完電影後，他們的情緒很激昂，動作與語言會出現較多的亢奮狀態，討論也不斷。

家長對於電影的選擇，多半考慮到故事內容合宜與否，但是電影《變形金剛》，讓我們有了一些想法。是否過度的視覺刺激，會影響孩子的心理與身體？因此，觀看前，我們和孩子有了一些約法三章，包括看電影中不要討論劇情等等的禮節約定。

《變形金剛II，復仇之戰》的故事一如往常，而故事中新增爺爺級的狂派金剛「天火」很特別。一向飾演反派的狂派金剛「天火」，因為厭倦狂派金剛一天到晚只知道仇恨與摧毀別人星球，所以決定投向好人組的博派，甚至最後犧牲自己，幫助博派的柯博文完成任務。而另一位狂派的小間諜在劇情中訝異的說：「原來，我可以不用為狂派做事嗎？」

壞人不會永遠是壞人，他們可以改過自新，這是值得向孩子陳述的有趣情節。

我們帶著孩子看電影，不局限於動畫與卡通，從《香水》、《海角七號》、《不能沒有你》、《貧民百萬富翁》、《班傑明的奇幻旅程》等等。

這些陪伴著孩子一同欣賞的電影，常常成為我們與孩子在生活中聊天的話題。

逸仔與昕仔相當喜愛《貧民百萬富翁》這部電影。昕仔好奇著電影中，孩子對金錢的獲得方式與想法。他努力了解印度這個陌生的國度，他無法想像那樣巨大的貧富差距，甚至連吃飽都有問題。

昕仔對於男主角的哥哥死於堆著鈔票的浴缸之中，有著許多不解。他總是問著：「媽咪，他是因為很愛錢，所以希望死掉的時候，身邊也堆滿了鈔票嗎？」

這是一個有趣的問題，我希望這個場景帶給昕仔的不是恐懼，而是對生命更為貼切的寓意。我問著他：「你覺得人活著最重要的意義是什麼？你生命中最重要的東西是什麼？」這是我對孩子的提問。

因此，當孩子在生活中遇到類似事情時，我也會適時提出：「生命重要？還是金錢重要？」

人活著，若失去了意義，即便擁抱著金錢，依舊不快樂。

這個提問，讓孩子了解「選擇」會影響生命的排列組合。孩子需要學習如何安排生活，以及生命中每一種選擇的優先次序。

逸仔最有興趣的則是電影中的宗教衝突。在電影

嘉義新港板頭村復興車站。

場景中，她好奇地問著：「為何這個國家的人、車與動物同時在馬路上齊頭並進？」

電影中的印度，是一個兼具著混亂與秩序的國家，也是一個在世界的文明遺產中有著公共建設的奇異國家。看著電影中的場景，像是到一個陌生的國家旅遊，接觸另一種不同的價值觀與生活。在《貧民百萬富翁》當中，孩子看見印度充斥著新與舊的文化交替，藉著電影展開了一個國度文化旅遊。

我不知道何時孩子會有機會拜訪因著電影而認識的國家，但電影文化帶來的相遇，是一種難能可貴的經驗。

世界各地人們的語言雖然不同，卻可以因著「看電影」而有所交集。

我問著孩子，電影與電視最大的不同在哪裡。

昕仔可愛的回答：「銀幕很大，所以看起來很過癮！」

我知道，在電影的特寫鏡頭下，一隻小小的蜥蜴可以變成恐龍般的巨大，視覺上的滿足感當然是不同的。

逸仔若有所思的說著：「**媽咪，電影的一滴眼淚，好像可以成為一個美麗的珠子，看起來特別漂亮；但是，電影裡的害怕也會比平常恐懼多好幾倍。**」

我笑笑聽著孩子陳述他們對電影所帶來視覺與心理的感受。原來，電影裡寬大的場景，讓孩子的想像力透過電影銀幕也放大了。

特寫鏡頭讓一滴眼淚可以成為大珠小珠落玉盤的美麗珍珠，也讓一隻可愛而懼怕人類的小蜥蜴像恐龍般威猛無比，難怪孩子喜愛看電影。

電影，帶來了想像力的延伸。

電影像是說故事的工具，因時間與故事的流動而帶來的影像閱讀。坦誠的說，我鍾愛電影拍攝中夾雜著生命與環境關係的題材，那是帶有當地人物與拍攝地方的風土民情。

國片的旋風，讓人感受到一股「想進電影院」的衝動，也高興電影票房為國片所帶來的鼓舞。這些不需要極度深奧卻能細微入人心的電影，我們看見新一代的輕盈思想與幽默，不是刻意的風格追求，而是議題的探討，是對生活的衝擊與大環境的關心。

教育、生命、創作本為一體，作品的力量也源自於真實與理想的碰撞、生命的關懷與人類社會的觀察。關懷社會的創作者並非不食人間煙火的履行者，它是源自於生活與生命的探討。

在我們短短觀看的幾個鐘頭，可能是導演、演員一生的追求。

新浪潮的電影在電影史中是一股強大的力量，因為新浪潮提出了電影的作者不是製片者，而是「導演」，而導演是「個人」。

「好的作品會被收藏，是因為它不搖擺，而這世界沒有任何東西，可以比文化走得更遠。」這些理由，讓我喜歡接觸電影。

我所選擇的電影，多數與潮流無關，因我心裡深植著一種想法：「當大眾口味是一種潮流時，不代表你的口味必須被大眾化。」

我想，這樣的觀點與理念，也反映在我的育兒生活與教養理念之中。

目前英國、美國、泰國與日本教育界有鑑於社會利己主義的充斥，經由建議和討論，斥資補助道德教育與道德課程教材。

二〇〇九年是教育局推動的「品德教育年」，春暉影視與忠孝國小合作，在品德教育的十四項核心價值中，選擇了十四部精采精緻的電影，讓孩子在「寓教於樂」中融入「品德教育」的學習。

我很喜愛這精選十四部不同國家區域的優質電影，我相信可以讓孩子從影像中學習多元文化，也能從電影中學習品德教育。

以下資料出自春暉影視，依序將品德內涵、電影片名、國別與得獎紀錄約略介紹給大家。

與戴立忍於關渡美術館的合影。

1.孝順

《尋找幸福的起點》／俄羅斯。阿姆斯特丹國際兒童影展最佳影片。

當我們對父母不耐煩的時候，他卻連可以孝順的媽媽都沒有。

凡亞是一個剛出生就遭生母遺棄的六歲俄國男孩，同時也是一間位於廣大俄國鄉間的破敗孤兒院中，其他孩子羨慕的對象，因為他即將被一對有錢又有愛心的義大利夫妻收養，但他卻選擇踏上尋母之旅，那是一趟充滿未知而艱辛的旅程。

2.感恩

《佐賀的超級阿嬤》／日本。改編自暢銷亞洲同名小說。

感恩不只是對人，生活事物都是值得感謝的對象。溫馨動人的情節，擄獲千萬人的心，更引發質樸樂天的新生活運動。

第二次大戰後的日本，昭廣在阿嬤照顧下成長，雖然日子窮到不行，但樂天知命的阿嬤卻充滿了感恩的生活哲學。在物質匱乏的歲月裡，阿嬤讓家裡洋溢著笑聲與溫暖。

3. 尊重

《少女奧薩瑪》／阿富汗。二〇〇四年金球獎最佳外語片。

在這裡，女子沒有男性陪同，不准走出家門口。

當阿富汗境內被塔利班政權統治時，造成了很多不幸的家庭。一位十二歲的少女奧薩瑪為了養活母親及祖母，順從母親的意願，裝扮成男生去打零工，結果在一次意外事件中，她的身分竟被揭穿了？

4. 關懷

《穎州的孩子》／中國。第七十九屆奧斯卡最佳紀錄短片獎。

發展中的大陸有個被遺忘的小鎮，由旅美華裔女導演楊紫燁拍攝。

一個感染了愛滋病的小男孩高俊的真實生活狀態。高俊的父母因愛滋病而去世，唯一與他相依為命的奶奶也離世，叔叔因怕別人的歧視不願收養高俊，最後在協會的幫助下，高俊走入愛滋家庭，在那裡開始了他短暫而快樂的兒童生活。

5.誠實

《我很想你》／瑞典。二〇〇三年蒙特婁兒童電影節最佳影片。

誠實面對自己的傷痛，與誠實說出道歉的話，都是需要學習的。

固執的伊莉娜與老師頻頻作對，一直到學校來了一位新老師才有了變化。然而，每個人都有自己的傷痛與苦衷，要如何讓彼此放下成見，誠實表達自己真正的心思，端看誰有勇氣先開口，說出那句道歉的話。

6.責任

《風中的小米田》／台灣。二〇〇三年台北電影節最佳劇情片。

維護文化風采是我們的責任，失去的小米田因孩子而重現生機。

敘述一所位於山上部落的小學，老師出了一個關於原住民小米田的功課，讓五年級的八度展開尋找小米田的探險，八度和好朋友伊萬在悠遠寧靜的山林間，賣力地尋找，他們去問打獵的族人，族人慎重地教他們有關小米田的故事。

7.自省

《和你在一起》／中國。二〇〇三年紐約電影節觀眾票選最佳影片。

面對生活，我們如何自我省思？如同小春的琴聲，因反省而更加動人。

劉小春是敏感又沈默的少年，小提琴是他最喜愛的表達方式。他的父親帶著劉小春離開家鄉，前往北京追尋提琴與成功的夢想。終於，小春獲得了參加國際比賽的機會，但也面臨著人生殘酷的選擇，是選擇和父親在一起，還是選擇和成功在一起。

8.自律

《我們這一班》／德國。德國電影節最佳兒童電影獎。

團體中必須遵守規定，因此學習如何在自律中揮灑創意，成為重要課題。

強納森換了一堆學校，當他來到知名的湯瑪士學院，他和一群同學成為莫逆之交。有天他們發現一個劇本《飛行教室》，竟引起一連串的麻煩事件，但連老師們都在他們身上學到友情的可貴，原來友情是我們的翅膀，創意則讓我們夢想起飛。

9.公平

《他不壞，他是我爸爸》／挪威。德國渥茲堡影展觀眾票選最佳影片。

對於犯罪的人我們是否公平對待？事實往往不見得可以眼見為憑。

被控有暴力傾向而被迫離婚的哈洛，是一位夾雜在憤怒與羞愧的絕望父親，沒想到竟意外地演變成為一場父親綁架女兒的事件。沿著漫長的挪威公路，父女之間，從不信任的對立，到顯露真情的倚靠。錯誤的開始是否可走向美好的結局？

10. 正義

《總統的理髮師》／韓國。二〇〇四年東京影展觀眾票選最佳影片。

正義在每個人的心目中有不同的面貌，究竟什麼才是真正的正義？

漢莫意外搖身一變成為總統的御用理髮師。在十多年親近權力核心的不平凡遭遇中，也讓自己看透了最高權位背後的黑暗。當他心愛的兒子陰錯陽差捲入了北韓間諜疑雲之後，漢莫選擇了親情，不惜冒犯總統……一部笑中帶淚的喜劇片。

11. 同情

《天使的微笑》／伊拉克。二〇〇二年西雅圖影展新導演評審團特別獎。

戰爭雖然離我們很遠，但在世界其他角落，依舊需要我們的同情與同理心。

海珊以生化武器針對境內庫德族人進行殺戮，失去親人和歡笑的小女孩吉嫣，生化炸彈在她臉上留下無法恢復的疤痕，內心的恐懼更是無法平復。旅居美國的庫德人迪亞利回到故鄉設立孤兒院，他發現愛與包容才是對抗困難最神奇的武器。

12. 容忍

《衝出逆境》／美國。孟買國際聯合運動影視節劇情片運動類金十獎。

等待希望來臨的曙光總是漫長，容忍與耐心成為面對生命轉折的利器。

本片是真人真事的紀錄，拍攝美國輪椅橄欖球隊的成立和進軍世界奧林匹克運動會的艱苦歷程。兩位主角面對逆境時所展現出的堅毅精神與生活重建過程，證明殘障困住了我們的身軀，但卻困不住我們靈魂需要自由飛翔的希望。

13. 信賴

《月光提琴手》／希臘。俄國金騎士獎最佳電影。

因為不信任而選擇離開人群，大地萬物卻成為他可以信賴的朋友。

克里斯多跟母親相依為命，母親卻沒注意到他因為眼疾而逐漸封閉自我。克里斯多唯一的好朋友是看顧燈塔的白髮老翁，而小提琴聲、蝸牛、螞蟻、洞穴成為他逃避現實的最好去處。新來的女老師發現克里斯多的天分，但沒想到要打開他禁錮已久的心，卻不容易。

14. 勇敢

《藍蝶飛舞》／加拿大。二〇〇五年宜蘭國際綠色影展閉幕片。

唯有勇敢才能戰勝病魔；只有堅持才會創造奇蹟。挖掘你最勇敢的一面。

本片取景於哥斯大黎加的雨林，改編自真實故事小說。彼特是一名身患絕症的小男孩，他喜歡蒐集昆蟲標本，唯一的願望是能親眼看見世界上最美麗的「藍默蝶」。在雨林中發生許多出人意料的事，沒想到迷路也可以是一種出路。

英文片名

1.The Italian(2005)
http：//www.blockbuster.com/catalog/movieDetails/264520

2.Saganogabai-baachan[Granny Gabai]
http：//www.imdb.com/title/tt0480773/

3.Osama(2003)
http：//www.blockbuster.com/catalog/movieDetails/228976

4.The Blood of Yingzhou District
http：//www.imdb.com/title/tt0859595/

5.Elina-Somomjagintefanns[Elina：As If IWasn't There]
http：//www.imdb.com/title/tt0330911/

6.Badu's Homework
http：//tc.gio.gov.tw/ct.asp?xItem=12205&ctNode=38

7.Together(2002)
http：//www.blockbuster.com/catalog/movieDetails/218100

8.Das fliegende Klassenzimmer [The Flying Classroom]
http：//www.imdb.com/title/tt0311141/

9.Tyven, tyven
http：//www.imdb.com/title/tt0310261/

10.Hyojadongibalsa[The President's Barber]
http：//www.imdb.com/title/tt0406853/

11.Jiyan(2002)
http：//www.imdb.com/title/tt0297992/

12.The Goal(2005)
http：//www.blockbuster.com/catalog/movieDetails/308257

13.Fospousvinei, To[Fading Light](2000)
http：//www.imdb.com/title/tt0304034/

14.Blue Butterfly
http：//www.blockbuster.com/catalog/movieDetails/244361

英文資料出自：

http：//www.tungfilm.com.tw/
http：//sulanteach.msps.tp.edu.tw/文章區/newbook/繪聲匯影會品德/影片資料說明.htm

堅強的翅膀

這一天，女兒終於開口了，她說：「我的好朋友，失去父親的她，只剩下一邊翅膀；她想飛也飛不高……我好心疼她失去的翅膀。……我也害怕失去任何一邊的翅膀。」

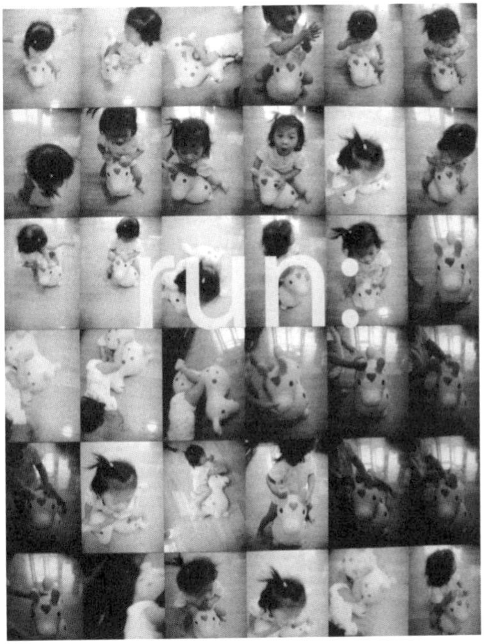

清晨，涼風吹進來，孩子的爸爸還在床上呼呼地睡著，我心裡卻想著昨天晚上孩子的話語。

女兒的好朋友因著父親年前過世，個性早熟而獨立，她的媽媽為了扛下生活家計而不得不離家遠行到城市工作。

女兒的好朋友只好交由爺爺奶奶照顧，雖然來自單親家庭，但是她做事情的態度誠懇負責，對身邊的朋友極為友善，對周遭的事務也很熱心。

也許因著同儕的家庭關係影響，這陣子，女兒對於我和米爸總有著許多擔心。我在她清澈而純淨的眼睛裡，竟看見一絲絲的憂鬱。她掛心著米爸是否工作勞累，而我是否開車小心。

這一天，女兒終於開口了，她說：「媽咪，我覺得我好幸福，爸爸和媽媽都陪在我的身旁，就像是我的一雙翅膀。因為我有一雙翅膀，所以，我可以快樂的到處飛翔。

「可是，我的好朋友，失去父親的她，只剩下一邊翅膀；她想飛也飛不高……我好心疼她失去的翅膀。……我也害怕失去任何一邊的翅膀。」

女兒的這段話，讓我的心頭揪了一下。

在大自然的原野中，可以看見森林的蓊鬱，瑰麗的山河與美麗的花景，也可以看見時隱時現的藤蔓，盤根錯節的攀附著老樹，雜亂叢生的亂草與花瓣隨處凋零。

可以看見天空的寬廣蔚藍，卻也看見寒風露水的溼氣逼人。可以看見清澈湖水波光粼粼，鳥語花香，卻也看見沼澤蟲生，斑駁的樹枝圮廢傾倒。

曠野的美景令人神盪，卻臨陡然直下的懸崖峭壁。

也許，人生無法圓滿。也許，淡淡的幸福裡，總夾雜著小小的悲傷。

我用低沈的聲調對著女兒說：「孩子，你的朋友只有一邊的翅膀，因為她想飛，所以翅膀要比別人堅強、有力量。因為它要承載全身的重量，才能飛到想要去的地方。

「但是，你知道嗎？有一天，少了一邊的翅膀，因著歲月的歷練，經歷著不為人知的辛酸，慢慢成長，慢慢茁壯；有一天，它會遇到另一個翅膀，也就不再軟弱

右：米爸在逸仔出生時，為逸仔完成的裝置作品。
左：作品的全貌。

與孤單，因為不軟弱，所以可以一起飛翔！」

我想向孩子訴說樂觀。

陽光的溫暖，可以融化冰原的堅硬。公園裡，孩子的嘻鬧可以小小的安慰寂寞與孤單。女兒的眼睛閃閃一亮，微笑地說著：那麼，我現在也可以當朋友的另一個翅膀嗎？

「我的翅膀不大，小小的，先散散步就好。如果有一天，她遇到大大的翅膀，那麼她就可以飛高高，也不再孤單囉！」

孩子童真的言語，總是為我帶來淨化。幸福可以來自單純的善意，讓互助的種子萌芽。童真，真的很溫暖。我看著女兒鼓鼓的臉孔，有了笑眼彎彎。

涼風徐徐吹進，太陽漸漸升起，陽光漸漸的直射照亮。

我慢慢的轉頭，看著床上的另一邊的翅膀，呼呼睡著，口中喃喃。

給孩子五感的生活

留白是生活裡的另一種美好。就像逗號，是緩衝的歇息，是對生活的提問，也是生命能量的累積。

給孩子五感的生活，就像抓住生活裡的留白，而我期待，這些來自生活的美好體驗，能讓孩子豐富且熱愛生命。

林鳳營牧場田間的探險。

孩子每天看著用量杯培養的豆類植物，仔細地用著量尺計算豆芽的身高，他們從對植物的呵護中學習生生不息與繁衍。偶爾，他們寫寫短文與日記，不是為了作文與競

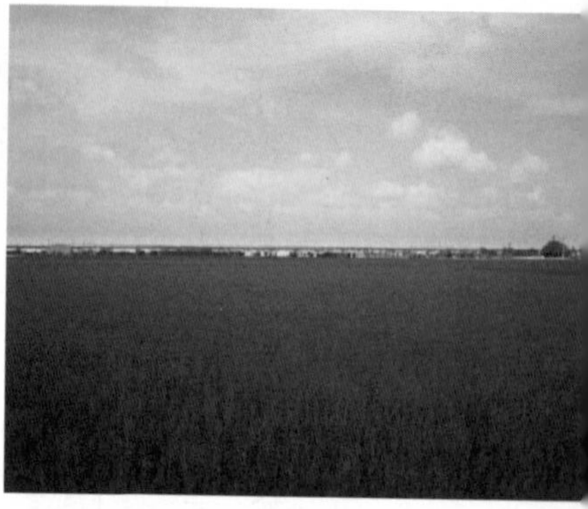

後壁鄉綠油油的稻田。

賽，而是記錄生活中的駐足與分享。

你會發現，**孩子是天生的劇作家、藝術家與詩人**。他們小小腦袋的運轉會讓你驚豔。

這些養成不需要龐大的花費，大自然就是他們的名師，而觀察力與專注力不需要教條的依循與養成。熱愛生活，會是他們熱愛生命的展現！

視覺

看一片隨風韻律搖擺的稻浪，動搖的不是美景，而是瞳孔。到湖邊，到山上，沈浸在大自然裡，身心舒展，我們緩慢的準備野餐，無需急忙與緊張。孩子可以躺在草地上，看著白雲說故事，望著星空，明白宇宙的奧祕與神奇。

想像自己遨遊其中，天與地不再有距離！

味覺

聞一聞採收前的稻香，嚐一嚐忙碌蜂兒採集的花蜜，喝一喝清澈湖泊的甜美泉水。

一段大自然的樂章傳進耳裡，陽光徜入心裡。
良好的生活品質可以簡單擁有。
喝口茶，握著溫潤的杯子，在生活中發現小小的用心，怡然自得。

嗅覺

聞一聞大自然的氣息，在樹林間深深的呼吸。
停留在鼻尖上的香氣，是兒時的記憶與未來的珍惜生命。

聽覺

淙淙的山林溪，樹林間風吹的低吟，鳥與樹葉的耳語；夏季的蟬聲與池塘的蛙鳴，
大自然的交響樂章好比貝多芬的〈第六號田園交響曲〉。

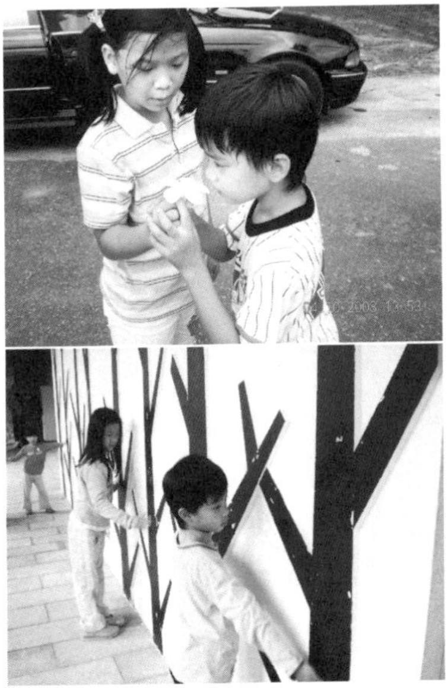

上：「你聞聞看，很香，對不對？」／烏山頭水庫。
下：高雄兒美館。

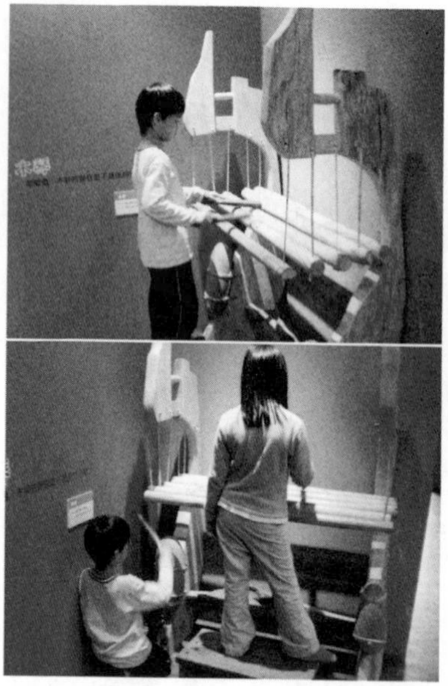

上：高雄兒美館的阿美族木琴。
下：孩子的合奏。

樂器的聲響與人們的生活相互應和。

人們的創意，與生活相互契合。

觸覺

大自然與自由總是讓人有著無限的聯想。

每個大人，心裡都藏著一個小孩。光澤豔麗的玩具與公仔是回想童年的滿足與展現。每個小孩，心裡都藏著一個詩人。

我們常對品味生活下了驚嘆號，其實，五感生活就在你我的身邊，是落在美好生活裡的標點符號。

髮帶，媽媽工作的記號

「喂！這個和弦的結束聽起來很沒張力……」這句話來自連五線譜都看不懂的逸，他模仿龜毛媽媽的語氣。

「嗯嗯……嗯嗯嗯喔喔嗯嗯嗯……」這是還不大會說話的昕，模仿媽媽哼著手上的五線譜唱著歌曲的表情。

昕仔想拍下媽媽工作中的手。拿著相機的他，咔嚓咔嚓拍著，比我還專注。

我看他拍下的相片，真的很喜愛。

我的手，不美麗，有著許多細細的皺紋，有許多刀傷，或者因工作留在手上的痕跡。手掌，被長期握著車子方向盤所長的繭盤據。

原住民朋友送我的工作髮帶，是我和孩子之間的語彙。

沒有「白抛抛，幼咪咪」，我是一位忙碌的母親。

在拍照的同時，我突然憶起一份久遠的記憶。

電影的配樂，總是加添了電影故事情節的張力，而每當某個音樂出現，也喚醒了對電影的記憶，我稱之為記憶中的溝通或隱喻。

隱喻，是一種生活與藝術的動力，它出現時，讓你回到某一個時間或者一個地點。

驀然回首，有時，是一個電影的片段；有時，是一首在耳邊繚繞的歌曲；有時，是一個躺在記憶中的影像。

那麼，生活中是不是也有一些符號的出現，代表著一種溝通，一種感性的語言？

在孩子的幼幼期，我選擇全職在家照顧，但仍偶爾有零星的教學與演出，與不想間斷的創作與練習。

當時孩子年紀小，口中總是詞不達意的說著：「媽媽，我需要你！」我總是放下手邊正要做的事情，但偶爾實在忙到走不開的時候，我只好對他們說：「媽媽要工作囉！」但其實幼幼期的他們可能聽不懂我的意思，於是可愛的他們仍會圍繞在我身邊嬉戲，或者拍打著不小心外洩的大小便，與伸出他們渴望被擁抱的小手臂。

有一年，我與朋友到山地的原住民部落採集音樂。當時的我們，對於原住民部落的音樂有著一份情感。

部落裡唱著口傳的歌曲，用著歌聲溫暖各個部落。這歌聲讓人們想起了過去可以與山脈、土壤和祖靈溝通的年代，對上天傾訴苦難與傷懷。

歌詞，是聲音的共鳴展現，尋求聽眾的理解，也尋找一種心靈的契合。我在歌聲中聽到仰賴自由的永恆，是一種天地與人類之間的關懷。

這個髮帶，來自於部落裡一位有著陽光笑臉的阿美族媽媽，在揮手說再見時所贈送的禮物。它，用著麻與棉，細細編織成五彩繽紛的髮束，顏色有著屬於花朵芬芳與溫暖果實的味道。

她說，每當稻麥收成時，原住民婦女會使用髮帶將頭髮攏起工作。

這個髮帶，讓我回想起草地上手與手握著的舞蹈；一朵朵生長在果實旁的花朵，有著春暖渲染的花園。

不知何時起，每當我要工作時，竟也習慣將這髮帶戴起。

髮帶，捕捉了每一個動人的情景與感受，也延續著幼幼期孩子與我相處的生活點滴。

日子就這樣一點一滴的走過，髮帶，竟然成為了我與孩子之間一種獨特的語彙，宛如標誌一般。

髮帶，是一種暗示、一種語言、一種隱喻、一種親子之間溝通的象徵意義。

當我練琴時，戴上髮帶的我，偶爾會抱抱在鋼琴椅子旁「蛇來蛇去」的昕。他總愛繞在直立鋼琴的共鳴箱，聽著箱子裡傳遞來的清脆聲音，咯咯的笑著。

逸則是喜愛看著我彈琴，她腦袋裡想著何時可以把她的小手「適時」的加入她想要的位置，所以琴鍵上的琴音總夾雜著一個堅持彈奏最低音域的頑固低音，這是屬於好奇逸的聲音。

我的工作枱旁有著一個小小的工作枱，這也是孩子們工作的地方。逸與昕會在一旁模仿媽媽的語氣與忙碌到不行。

當我忙著配樂、寫譜、趕稿時，他們也在一旁忙著畫畫、配色、剪東西。

「喂！這個和弦的結束聽起來很沒張力……」這句話來自連五線譜都看不懂的逸，她模仿龜毛媽媽的語氣。

「嗯嗯……嗯嗯嗯喔喔嗯嗯嗯……」這是還不大會說話的昕，模仿媽媽哼著手上的

五線譜唱著歌曲的表情。

漸漸的，我與孩子一起工作的日子，輕輕地從我們眼前經過。逐漸長大的他們知道，每當我戴起這個髮帶時，他們會互相提醒說：「噓！媽媽要工作囉。別吵她！我們也要開始工作囉！」

於是，髮帶，成了我與孩子之間特別的記號。

髮帶，因著搬家的遷徙，收在我的小盒子裡，沈靜了一段時間。

如今，它，再一次放在我的手心。

看著它，我心中有股滿滿的感動與孩子幼幼期的回憶。

這是孩子與媽媽一起工作的記憶。

猶太人父母的教養觀總是引起一些探討，在相關的書籍與報導話題中，我發現猶太人並非用「望」字來詮釋父母對孩子的期望。

父母的教養方式，關係著兒女如何「延續」與「傳承」生命。

這傳承不一定是「家業」，而是父母的「工作態度」。猶太人認為，將智慧與知識傳授給兒女，是雙親真正的任務與責任。

猶太人強調學習，所以為了讓孩子樂於學習，會精心設計許多有趣的方式和甜蜜的環境。

猶太人反對填鴨式的學習，所以講故事時，故事的寓意和教訓，不是雙親給的，而是讓孩子自己發揮與想像的，父母需要給予的是啟發性的解釋。

而猶太人對於手足的觀感更是微妙。「讓手足比較頭腦，會糟蹋雙方；比較個性，會幫助雙方。」

這樣的學習觀點，對於學習不是為了成績、名次的競爭，而是為了個性的發展和性情的陶冶有了積極的定義。

猶太民族有著一種傳統，每年固定時間的family day，他們讓家庭的成員到父母工作的職場，參觀父母工作的地方，好讓孩子明白父母工作的態度。

對我而言，**從父母工作的態度中學習，是一種再好不過的身教。讓孩子從父母的身上看見知識與行動的合一**。

八分是一種多元學習

逸仔皺了皺眉頭說：「班上最近有一位同學的父親過世了，也有些同學因為成績狀況不佳會被爸媽責罰……看到同學面對這些事，都會讓我難過耶！」

我問了逸仔：「那麼，你有沒有想到什麼比較積極的方式，可以讓你的難過變成不難過呢？」

逸仔帶著笑容說：「有喔，我自願利用下課的遊戲時間，教同學趕不上的英文，希望他下次可以進步。」

剛考完轉學後第一次期中考，孩子帶著訝異的表情與我討論這次考試的分數問題。

對於成績，學校需要透過考試明白學生與老師之間的教學成果；對我而言是明白孩子面對自己責任的過程。

孩子知道我對於考試第一件事會問：「你們盡力準備了嗎？」第二件事會問：「你們覺得寫錯是因為不會？還是因為粗心？」

通常問完這兩個問題，我便不會再多過問，只要孩子懂得修正反省，我並不會將考卷成績作為驗收學習成果的唯一方式。

考試的出題與解答方式，礙於有限的時間作答，可能出現題型的邏輯太過於簡化或語言過於複雜、單一而缺少多元方向的答案，或是與現實生活脫節的觀念，是我對考卷的疑問，也因著不以分數作為評價考試的標準，因此很少聽到逸仔與昕仔將分數放在嘴巴裡討論。

逸仔說：「媽咪，班上發英文考試卷時，有好多種分數喔！」

這部分我可以理解，因為接受英文教育的起點不同，對於成績會有或多或少的影響，更何況自己的孩子在步入小學後也遇見類似的問題。當時周遭的同學多半念過美語幼稚園，或額外有英文課程的輔助，我們則是抱著不怕輸在起跑點的勇氣進入小學。

記得逸仔在英文科目的學習上，因為起步晚，課外英文學習的老師一度感到壓力，然而逸仔卻樂觀的告訴老師：「老師，不要對我灰心，我會慢慢進步的！」

這句話來自指導逸仔課後學習老師的轉述，當時他訝異著，居然是孩子鼓勵他要對自己的教學有信心。

我心裡笑著，也許在孩子幼幼期時，透過在遊戲中學習，孩子已發現樂趣，會找到學習的動力，而只要有心沒有學不會的東西。

現在的他們，可以自然的與來自各地的外國友人交談，也許辭不達意，但是配合著肢體動作與表情，一樣可以達到溝通的目的。語文對我的教育觀點而言，是一個工具，多懂一個國家的語文，也擴充了閱讀與旅行的樂趣。它，是接觸世界的另一雙眼睛。因此我認為，**對語文的樂趣與學習，無論何時都可以開始的**。

逸仔與昕仔接續討論著考卷的分數。我心裡想著，幾分應該不是我們討論的重點，我們應該想的是分數以外的事情。

在我們看似富足的社會裡，仍然有許多人胼手胝足地努力著。

孩子觀看鹽水蜂炮的製作過程。

逸仔用著不可思議的表情說：「媽咪，我們班有人考八分耶……」

過去居住在台北都會區時，班上同學的考試成績多半很接近，第一次看到個位數的分數，真的令她很吃驚。但這多樣貌的分數，讓我們有了一些討論。

對於考試卷背後的原因，是我比較樂於與孩子相互探討的。從考卷的出題方式，對問題的回答與想法，這些林林總總的檢討，就是希望孩子不要只為了找答案，犧牲了做學問的樂趣。

逸仔皺了皺眉頭說：「班上最近有一位同學的父親過世了，也有些同學因為成績狀況不佳會被爸媽責罰……看到同學面對這些事，都會讓我難過耶！」

我問了逸仔：「那麼，你有沒有想到什麼比較積極的方式，可以讓你的難過變成不難過呢？」

逸仔帶著笑容說：「有喔，我自願利用下課的遊戲時間，教同學趕不上的英文，希望他下次可以進步。」

逸仔的回答讓我心裡很感動，「互助」是我最在乎的品格教育。

我不禁想到前些時候看到的新聞報導。

報導中說在農村結構下的綠色學校，推行種種活動非常不容易，因為多數的家長社經地位較低，所以除了校園募款與教育補助不足外，還要面對教育部每年的教學與才藝（例如直笛隊、體育競賽、學業）評比的壓力。

我想著自己在音樂資優教育體系服務多年，雖然累積了不少教育心得，但總覺得自己的服務範圍僅限於社會經濟能力較為優勢的族群。我在出國完成學業前，也曾在偏遠小學服務過一段時間，那對我而言是一個完全不一樣的環境，是一個震撼教育。

我看到許多熱心的老師為孩子盡心盡力，他們不辭辛勞的努力付出，與孩子打成一片。放學後，老師學生們戴著潛水鏡到海邊游泳、抓魚；校外教學則是到漁村坐船與參觀漁獲食品。

一位老師教導小孩打劍道進入全國賽，在一個沒有經濟力的漁村，這位老師努力無私，單純的為孩子們貢獻自己所學，為的就是完成教育的使命。

我還記得畢業典禮時，大家哭成一片，本來硬挺挺的老師們在致詞時也忍不住哭泣，這畫面還深深的留在我腦海裡。

對我來說，「老師」這個名詞的意義也是在那時建立。因著這段經歷，讓我對老師的身分與責任有著深刻的體認。

一邊玩著積木，一邊討論著考卷事件的昕仔，雙手忙碌的他，嘴巴碎碎唸著：「媽媽，我覺得這裡的生活與台北完全不一樣耶！」

我充滿好奇地看著昕仔，我想從他口中知道這裡的鄉居與過去的都市生活，帶給孩子什麼不同的感受。昕仔說：「有時在放學回家的路上，看見田裡有小孩穿著運動服在工作。看到與自己年紀一樣的學生，放學後還要工作是一件辛苦的事情。」

我聽完逸仔與昕仔討論著這些他們眼裡的觀察，我心中對於偏遠地區的生活環境有著心疼與不捨。偏遠地區的學校，夾雜著科學園區、士、農、勞工階層，有不少來自各個行業與族群的學生。

在我們居住的環境裡，常會看見與逸仔、昕仔年齡相仿的孩子們，在芒果採收的時節踩著腳踏車，後座放置著剛採收下的芒果，混在卡車陣中，在省道上揚起的塵埃競速著。

也會看見與婆婆年齡相仿的老爺爺或老奶奶，他們肩上挑著扁擔，兩側肩膀因著蔬果重量不均造成歪斜，但仍以遲緩的步伐往菜市場的市集沿路叫賣。

米爸在每週前往菜市場購買時，常帶回一些口感略苦的筍子，我本以為他不懂得挑選食材。但米爸說：「不是每一個菜市場的攤位都可以擺攤。有些老人家付不起攤位的租金，挑著扁擔沿路叫賣，有時還會被趕來趕去。

「我們買一籃菜沒有多少錢，可是這些微不足道的費用卻可以讓老人家有一些足以支撐的生活費。」

這些每天在我眼前一幕一幕的畫面，讓我明白在富足社會的角落裡，其實有著我不知道的故事正在上演。逸仔與昕仔兩人不約而同說著自己的生活很幸福。他們說有著爸媽的鼓勵，在鄉下的生活多了許多體驗和陪伴。

我感嘆著，過去住在台北的優質學區，孩子每天回到家就是累趴地寫功課，班上同學考試是九十分到一百分的競爭與距離。雖然大人說不要在意，但孩子卻有著或多或少的得失心。家長討論的是將來就學的公私立學校、放學後的補習，還有假日補充的菁英教育。

我想著，**孩子如果有機會與社會各個不同職業的家庭與族群相處，他們的情感經驗**

會擴充，他們才有機會明白生命中的深刻與同理心。

我，珍惜著這八分的多元，讓孩子看到不一樣的環境。

米爸之前工作的職場與MIT（麻省理工學院）的Media Lab工作營合作，結識的MIT建築暨規劃學院院長Adèle Naud Santos教授，帶領著一群別人眼中的天才學生，到世界各地因地震、風災、戰亂等天然或人為災害的地區造鎮。

這群天才學生做的不是念書，也不是替自己增加就業機會的credit，而是「人飢己飢，人溺己溺」。我相信，有不少人已從Discovery頻道看到這些報導與成果。

MIT Media Lab其中的一位教授，他的一席話，給了我深深的感動，他說：「當權力與你越靠近時，你越要遠離，因為遠離才會真正快樂，真正快樂才會帶給別人幸福。」行有餘力的我，如果能為社會盡一些棉薄之力，這是渺小的我想做的事情。

我期待著有一天，孩子長大成人後，不要忘記這八分的同窗之誼。

這是我們想給孩子的多元教育，八分可能是我，可能是你，也許是成績，也許是職場，也許是社會某個被遺忘的角落與心靈，更可能是一個生命。

Part 4 生命之約

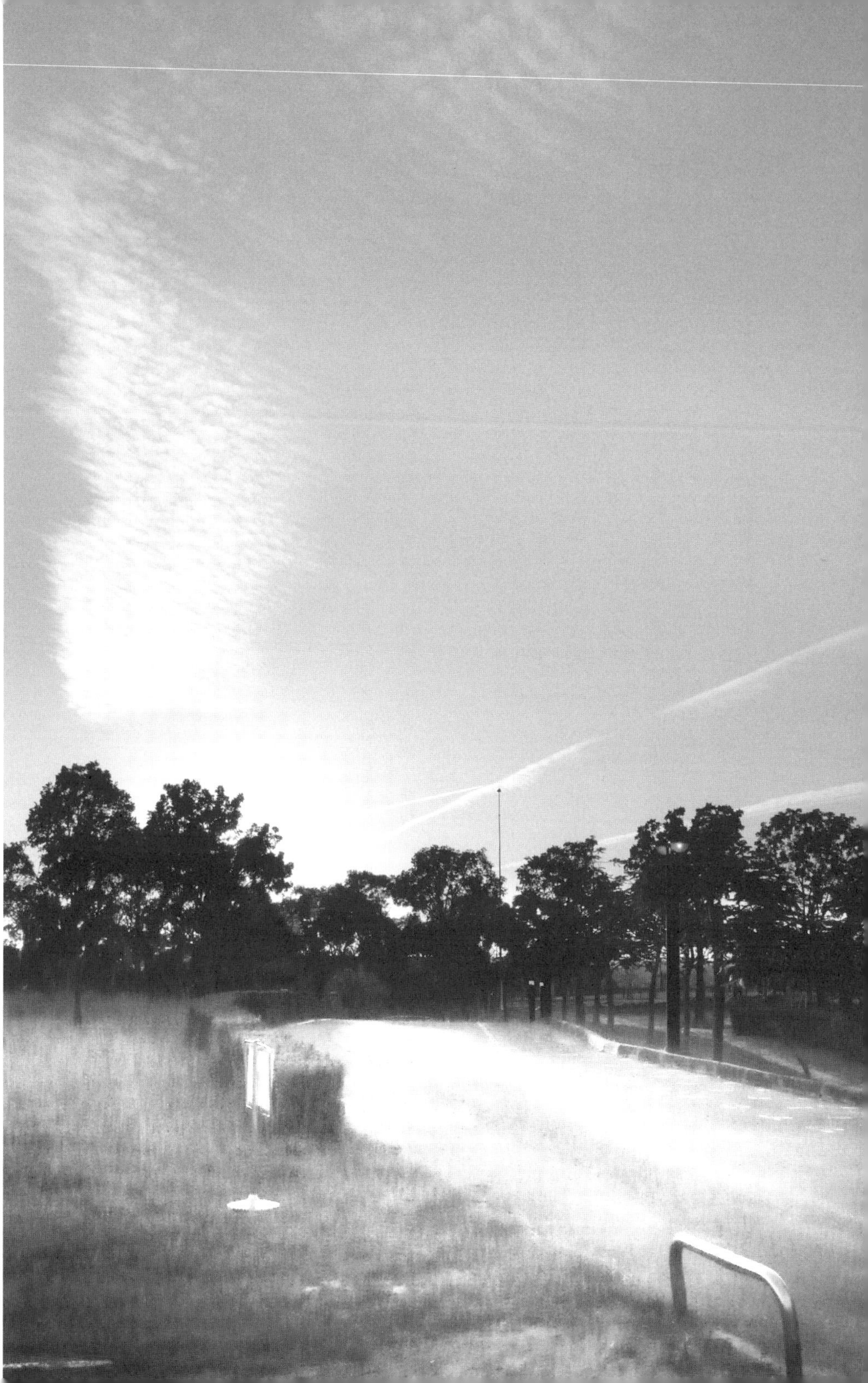

母親，我的另一所學校

那一天的情景讓我印象深刻，一位流著鼻涕，眼淚不止息的母親，坐在車子方向盤前啜泣。

這是一個氣著自己的母親，她因流淚喘息而斷斷續續的對著剛剛在車上吵架的兩個懵懂孩子說著：「媽咪現在很氣自己，媽咪嘴巴會說小惡魔的話語，會有很壞的脾氣，還有很大聲的聲音。」

走上音樂這條路並不容易，因此，在為人妻、為人母之前，我一直以為表演舞台是自己的所愛與戰場。直到有了米爸、逸仔與昕仔，我的人生計畫大大的轉彎。因為孩子的出世，我先暫時將喜愛的表演工作置放一邊，但我並沒有放棄，我只是在現階段，選擇成為一位母親。

帶著孩子的那段日子，我仍有著零零星星的展演，也感謝主辦單位對於全職媽媽的體諒，讓我可以帶著孩子一同前往。這些展演有著逸仔與我的大手牽小手，還有昕仔在我肚子裡的踢踢踏踏。

當時的我，沒有顯赫的頭銜，每當演出結束，我帶著「全職母親」的身分站起來接受掌聲。但我仍然感到驕傲，有著小小的成就感。

在一次公益演出中，主持人一一介紹演出成員的資歷與職業，當他介紹到沒有任何「稱謂」的我時，只好以一個尷尬的音樂家頭銜帶過。

我察覺到，其實，我的身分仍然與職場上的表演者不一樣，那一刻，我有些小小的落淚與心酸。那是一個帶孩子的過程中，最為特別的故事。那次，我覺得自己的翅膀，似乎被折斷。

台北剝皮寮鄉土教育中心。

米爸對於我所承受的委屈感到心疼。他知道幼幼期的我，坐在琴椅上叮叮咚咚彈奏各種曲子所接受的掌聲，以及一路上師長與父母對我的期望。他知道在美國求學的我，花了多少時間與力氣，而手上的繭與手指受的傷一痕接著一痕，從沒間斷。

但，我告訴自己，我沒有放棄，我是因為所愛而選擇，於是孩子的呼喚成了我的使命感。

米爸教學上的忙碌，讓我開始隱藏自己的眼淚，以為自己既懂事且堅強。隱藏，成為我內心的驕傲與語言：「你看，我為孩子犧牲。」這些隱藏與驕傲，其實是夫妻關係的致命傷。

我誠實地面對這曾經有過的心情與發酵，這是一個重要的歷程，它，不全是歡笑，也有許多眼淚與憂傷。於是，有過這些經歷的我慢慢知道，我和米爸應彼此學習調整家庭生活的重心，並且好好安排，讓生活流暢的運轉。

因此，當我帶著孩子的祝福，再度回到職場時，我更謙卑，也更熱誠，因為，我知道每個孩子，都是一顆種子，而孕育孩子的成長過程，都帶著父母的期待、歡笑、淚水、自責與犧牲。

我曾經用劇場形容我的家庭，孩子是演員，米爸與我則是這齣戲的導演與製作人。我們的劇名叫「生活」，是一種表演藝術，不過這階段我要完成的演出不售票，也沒有票房的壓力。因為我知道，在我心中，比起舞台上美麗的主角，我更為重要的角色是孩子的母親，那需要可貴的勇氣。

舞台上不缺我當女主角，然而，我是孩子心目中唯一的女主角。

我想告訴米爸與孩子：「我的翅膀會揚起，是因為翼下的風，夠強勁……我的船能出發，是因為我們要帶著孩子，去放眼遠望那海洋無限的邊際……遠方有海洋，我們是風帆。「風，帶著我們和孩子往『無限』前往。」

我明白養育孩子這段過程對我而言並不是犧牲，而是因著減法得到的加法，甚至也許是乘法。因為願意「捨」，而換來更大的祝福與生命的品嚐。

許多人看到我的育兒方式，覺得我是一個快樂的母親。這個母親很愛玩，很貪玩，喜歡開玩笑，沒事還會來個無厘頭的帶動唱。

但在成為快樂的母親前，我其實是一個對自己挑剔的母親。

也許因為自己暫停了工作與夢想，成了全職的母親，給自己更大的育兒責任，因此對於自己的育兒生活有著深切的期許。

期許的不是學習的展現，而是孩子在生活規範與待人處事的教養。

我翻閱了許多專業的育兒書籍，希望自己不要遺漏任何一個教養細節與可能性。就這樣，我看著一個個自不量力的計畫表，望著總是做不到，卻又逃不了的高標，奮力向前跑。

台北剝皮寮鄉土教育中心。

終於，在孩子幼幼期的某一天，失控的情緒讓我自責、難受，甚至覺得自己實在是一個失職的母親。那些宛如模範母親般的教養守則實在讓我難以下嚥咀嚼，那些善於管理情緒、溫柔且十足的母親耐性實在離我非常的遙遠。

那一天的情景讓我印象深刻，一位流著鼻涕，眼淚不止息的母親，坐在車子方向盤前啜泣。這是一個氣著自己的母親，她因流淚喘息而斷斷續續的對著剛剛在車上吵架的兩個懵懂孩子說著：「媽咪現在很氣自己，媽咪嘴巴會說小惡魔的話語，會有很壞的脾氣，還有很大聲的聲音。」

「很多媽媽都很溫柔，我沒有那樣的耐性……我覺得自己不是一個好母親……

那是一個午後，兩個孩子的吵鬧讓我完全控制不住，再加上以前用的法寶完全使不上力所引發的憤怒。

我的心裡有一個聲音告訴我：「你這樣做，會不會讓孩子對你更不信任？」「你確定對他們說這些話，不會帶來負面的影響？」「你這樣真的是太差勁了！」

其實說著那些話的我，有些忐忑，也有些不安，我雖然擔心後果的嚴重性，但情緒的低落已經讓我顧不得這樣多。我根本沒有勇氣回頭看孩子，一方面擔心他們看著出糗的我，一方面也擔心他們眼裡的神力女超人已經變成無用女怪獸了。

但這時，一雙小手，輕輕地過來握著我的肩膀，這是來自善解人意的逸仔。她用甜甜的聲音告訴我：「媽咪，你很棒啊。你就是你，我最喜歡你了。」

這是一個天使的聲音，但一聽完這句話，我哭得更兇了。我分不清楚是感動，還是因著沮喪的挫敗感。

紅著眼睛的我問著逸仔：「可是媽媽真的很不溫柔耶，而且脾氣來得又氣又急的時候，可能會說出令你們不舒服的話，這樣讓我覺得自己很差勁……」

有著認真又純淨眼睛的逸仔說著：「我們都知道啊，但是，你都會跟我們道歉，不是嗎？就像我們做錯事時，你也會原諒我們啊！」

「但是你們不會因為這樣討厭我嗎？我的情緒會因為管不動你們而特別糟，我好討厭這樣的自己！」這是來自一個沒有自信的母親的疑問，我的眼淚與鼻涕直直流。

「媽咪，你是最棒的母親喔，很多溫柔的媽媽不一定能教好孩子的規矩，你生氣都是因為我們的行為不對……」逸仔握著我的手，又摸摸我的頭。

那雙小小的手，正在給予一份溫暖，一個連她自己都不知道將為媽媽帶來多大力量的鼓勵與溫暖！

我接著說：「那麼，我以後發脾氣的時候該怎麼辦？」

昕仔說：「我們可以躲遠一點，或者等你的脾氣發完。」

我說：「那麼，我嘴巴說了不好聽的話，可能會讓你們很傷心喔。」

逸仔說：「我們不要當真，反正你後來還是會道歉啊，我們也常常會說出讓你生氣的話啊。」

我說：「那麼，你們真的要一直喜歡我喔！」

孩子說：「你放心，我們都很愛你喔，媽咪。」

說完這些話，孩子們給我一個緊緊的擁抱，這個擁抱給了一個挫敗的母親更多的力氣，是愛心加油站，是耐性的補給品。

「那你們願意接受一個不斷在說對不起的媽媽嗎？」其實，說著這句話的我，開始對自己有那麼一點信心！

「當然囉，因為你是最棒的母親，你做得很好。」說著這句話的逸仔，頭上像是有著可愛的小光圈。

逸仔那句「你做得很好」讓我有了開心的表情，雖然覺得自己有些孩子氣，但看著逸仔用著小小紅潤的嘴巴，說出宛如來自雲端的美妙的每一字、每一句，這些話語，有

些熟悉，那些都是來自我平日對他們挫敗時所說的鼓勵。讓孩子安慰的感覺，真的很特別！

對於孩子，總有學不完的功課。我也常常想著，可以與孩子手牽手，相互聊著彼此的想法，這樣便是一種幸福。

我知道，生命中有一些定律不會改變，就像孩子會為他們自己的生命找到出口，所以為人父母需要這樣的勇氣，願意相信自己是最適合孩子的父母親。

在報章、媒體、網路所看見的美好，都可能是櫥窗的一小角，那樣的故事不一定屬於你，也不一定屬於你的家庭。**每個家庭都應該寫下自己的故事，父母帶著孩子尋找適合自己家庭的教養方法，而不是複製專家或別人的經驗，蒐集來的資訊，應是參考資料而不是標的**。

漸漸長大的孩子們，喜歡與我分享在學校發生的每一件事情，這時，我扮演的不全然是一個成熟的大人角色。

有時，我是一個孩子氣的母親，陪著他們一起憤怒，氣著那些在學校亂說話、亂打人的無理同學；有時，我是一個溫柔的聆聽者，聽著孩子們訴說他們的心裡話，告訴我他們在人際關係上承受了不該受的語言或不公平的待遇；有時，我是一個祕密寶盒，置放著孩子們與我的分享，這分享包括了他們的喜歡、討厭，還有對自己的小小理想。

我不在乎孩子們嘴裡偶爾說出的：

「拜託，媽咪你好幼稚！」

「媽咪，我今天心情不好，不想說話，想要安靜，我可以不說話嗎？」

「我覺得你今天看起來心情特別好，是不是因為我們特別乖的關係啊？」

「媽咪，你今天嘮叨得特別兇，我們耳朵有點痛！」

「哪有人說自己是天底下最聰明的媽媽啊，好自戀喔！」

相互尊重是必要的學習，然而，我心中所想的是，**「接納」不只是我對孩子的課題，讓孩子懂得接納我這位努力中的母親，也是一個重要的學習**。

這些生活日常的相處，是真實，不需要遮掩，我們信任著彼此的感情。因為孩子們明白，他們「孩子氣」的母親，對他們有著千古不變的愛情。

三種高度的母親

孩子，是父母的老師，出著各種類型與考題，考驗著父母的毅力與變通能力。

母親的身高有三種，一種是比孩子高，一種是與孩子一樣高，一種是沒有孩子高。

比孩子高的媽媽，對孩子的要求永遠意志力堅定，要孩子未來強過自己當作是命運。因為俯看孩子很容易知道問題在哪裡，也很容易去挑剔孩子哪裡有毛病。

與孩子一樣高的媽媽，會與孩子的心一同哭泣，知道心裡有怎樣的願望沒達成而不滿意，會想辦法知道穿何種cm的衣服不會讓自己太緊而透不過氣，會抱抱牽牽說故事，覺得分享很有趣，與孩子說話會你一句我一句，說我愛你寶貝的時候不會有害羞的心情。

沒有孩子高的媽媽，會讚嘆孩子手中做的東西何等有趣，用欣賞、崇拜的角度看他成長魅力無限而歡喜，看到失望、受傷、挫折的他會暗暗擦淚，深怕給他壓力，會用眼角偷偷望他，仔細去聽他的呼吸，深怕打擾他的作品、想法、努力，所以小心翼翼。

台南後壁鄉土溝村。

我的母親比孩子高。從小我在老師可以打、可以罵的環境長大。我很愛媽媽，但是她身高與我的距離比較遠，對品行的要求也會有過人的意志力，所以我不敢對她做太多的表達。

還沒當母親時，我渴望和孩子一樣高，希望自己能陪他長大，了解他的每個成長過程，貪心的希望自己是他最好的朋友。我曾經認為高度不同，呼吸密度會不一樣，所以我期待自己會與孩子看到一樣的天空與風景。

現在當了孩子們母親的我，三種身高都有，所以生活常在怒罵、要求讚美懺悔中度過。我試著調整各種不同的高度看待孩子，我希望他們抽筋跌倒努力開心快樂第一個就會想到我。我，對孩子怎麼會有這樣的佔有欲？

今天晚上我又失眠，想到當母親、老師的自己，有時候身分不一，腦子也會有衝突、不清醒，我努力勸自己忘記舞台、教學，單純做個母親。

這個簡短的文字，書寫於孩子夜晚發燒的病床旁。

如果問我，我的夢想是什麼，我會說，是我實踐每一個生命之約的腳步後得到的禮物。

每一個職場都是學校。上班，是學校；母親，是學校；生活，是一所更大的學校。每所學校修的學分與每一本教科書的厚度都不相同。

孩子，是父母的老師，出著各種類型的考題，考驗著父母的毅力與變通能力。而我的夢想，是在每個不同的時期，不斷轉彎，而最終，它仍會回到我心裡想要的地方。

這個彎讓我修整了自己的個性、自以為是的毛病，還有用著不同的高度看著他們眼裡的風景。

我，也學習當個像是橡皮筋般的母親，能短能拉長。
我的夢想可以等待，不要急。

陪伴孩子，讓我可以把自己的夢想一點一滴的醞釀。我可以先將夢想暫放一旁，並不是捨棄。它，只是轉了個彎。

懂孩子的敏感

記得有一次，孩子帶著苦惱的表情告訴我，他，不喜歡自己。

我知道，他覺得自己的個性挑剔，也會有著莫名其妙的情緒；特別在季節的交替時期，不只是身體的健康狀況敏感，連情緒都敏感得奇異。

在親子教育中，孩子與他人互動的人際關係往往是討論的重點，而且總是強調樂觀、積極的社交關係展現。

但在養育孩子的過程中，我發現孩子有時不喜愛說話，他們喜歡坐在角落邊靜靜的想事情。有時不喜

愛與大家一起討論話題，或逃避大家都喜歡的事物。有時會發脾氣，但不知道是氣別人還是氣自己；或者會努力不惹麻煩以避免他人的注意，卻反而引起更大的注意。

因著衣服領子上的標籤不舒服，所以常會聽到孩子說：「媽咪，可以幫我把衣服背後的標籤剪下來嗎？因為它刺著我的皮膚癢癢的。」

孩子可能抱怨，「天氣好冷喔，冷得我一直發抖耶！」「這怪天氣，讓我全身流汗很不舒服。」「這裡好臭喔……」「這衣服穿起來真難受……」

天氣一丁點兒的變化，便會抱怨太冷或者太熱；環境裡一些些味道所產生的異味便讓他們像是在垃圾堆；不舒服的衣服與鞋子會讓他們覺得渾身不舒服而發癢。

或者，一句「你長得好瘦小喔……」「你好安靜，不會說話嗎？」「這麼簡單的事情也不會表明嗎？」因著別人一句小小無意或無心的言語而受了傷。

孩子喜歡一個人玩，或者站在旁邊看著別人玩；孩子只喜歡吃熟悉的東西，不一定喜歡嘗試新的口味……孩子喜歡待在固定的一個地方，因為讓他有安全感；孩子喜歡整天讀書，在自己的天地找到一種安心……

我知道，孩子傷心時會特別容易哭。

看著感人肺腑的電影，會辭不達意的說著：「媽咪，我的心裡酸酸的！」然後一陣啜泣。

或者「媽咪，我的心裡有恐懼……」

我知道，孩子怕黑、怕鬼、怕生、怕吵、怕別人生氣……這些情緒讓他們熱淚盈眶。孩子臉頰上的熱淚還來不及擦拭，已經換來一頓責罰；孩子擦眼淚的勇氣躲在背後，換來一陣陣的寂寞感。

這些因著不明白的原因與誤會，也讓父母誤以為自己是一個不稱職的家長。

敏感的孩子，不一定成熟，不一定內向，也不一定悲觀；他們的語言往往讓大人有著過多的想像，而引發過多的描述與幻想。

敏感的孩子在壓力大時會退化為小孩子，在心情好時會像個成熟的大人。

敏感的孩子可能經過幾次不好的經驗，而容易害羞、膽小、沮喪，對同學的閒言閒語、逗弄取笑也很敏感。

「我不喜歡同學說我瘦瘦的……」「我不喜歡衣服有一點點髒髒的……」生活裡會聽到許多的「我不喜歡……」

敏感的孩子，比一般的孩子更注意環境的細節，會突然看見或發現大人所看不到的景色。

敏感，是一種特質，如何描述這樣的特質是一種學習。

這個特質讓父母知道，他們面對的是一個獨一無二的個體。

敏感的孩子，不善於果斷的做出決定，行動前因著深刻的考慮一切，需要多一些時間思考「這是怎麼一回事？」

我閱讀各類關於敏感的文章，明白了敏感的孩子因為腦子處理資訊時比較徹底，所以對於痛苦、藥物、刺激都有著比一般孩子更為深刻的反應。

因著觀察與吸收外來的資訊較多，所以他們的情緒，如對愛、驚奇、喜悅、恐懼、憤怒、哀傷等等的反應也比一般的孩子強烈。

另一方面，敏感的孩子因著深刻的情緒與思考，而具有強烈的「同理心」與「正義感」，對於生命的意義與內在生命也有著較早的覺醒。

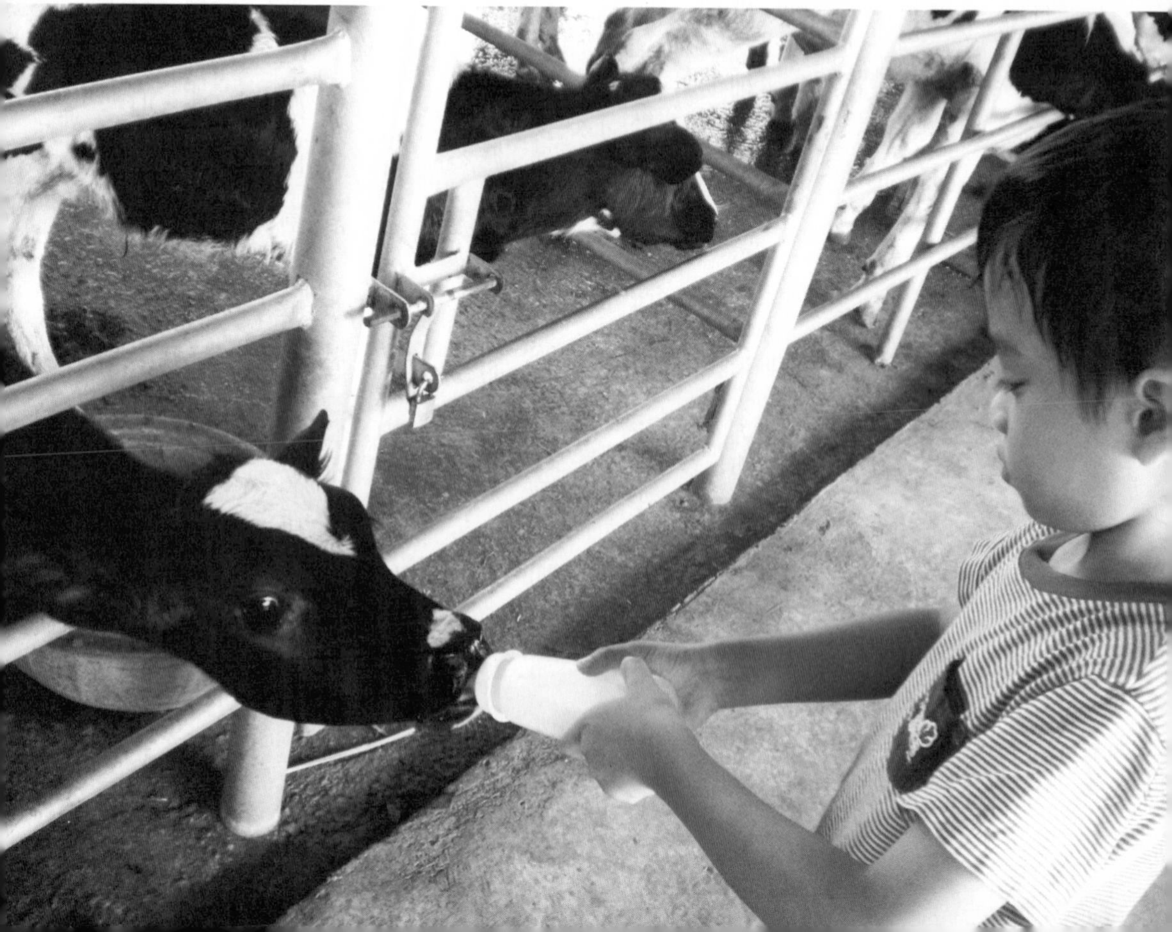

台南柳營鄉．乳牛的家。

Elaine N. Aron（依蓮・艾倫）是一位心理學博士，也是暢銷書《高度敏感成人》（The Highly Sensitive Person）、《高度敏感者工作手冊》（The Highly Sensitive Person's Workbook）、《高度敏感者的愛情關係》（The Highly Sensitive Person in Love）的作者。Elaine N. Aron自己本身就是一位高度敏感的人，在美國主持高度敏感者的工作坊，發表過許多家庭關係相關領域的研究報告。

Elaine N. Aron的「橘子的輸送帶」理論，形容敏感的孩子有著以下的特質。

橘子根據大小，被依次送進大、中、小三個槽；而敏感孩子的腦子不只有大、中、小三個槽，他們可能有十五個槽，分類得更仔細。

如果一下子湧進太多橘子，輸送帶被塞住了，會因此停擺。所以敏感的孩子不喜愛去吵鬧的地方、不喜歡快速的球類比賽、不喜歡當眾回答問題。

但是當你想要找人下棋，玩文字遊戲，找人調音或創意設計，或任何需要思考後果、注意細節的工作，敏感的孩子會是最好的選擇。

Elaine N. Aron在《高度敏感成人》一書中指出，敏感的孩子在普遍粗心的社會中生活，是有些辛苦的。

因為「非敏感」的族群在決策時，會選用短期有利、看起來成就輝煌的決策，於是「敏感」的族群越來越沒有影響力，越來越痛苦，於是逃避或辭職。

當「非敏感」的族群掌握的權力越來越大，形成一種循環時，也造就了各種職業越來越業績的取向，相反地，也讓社會越來越無法滿足人們的需要。

如果「敏感」與「非敏感」的人之間，無法達到權力的平衡，社會無法更為舒適；所以需要看到敏感的孩子長大成為有信心、有重要性的社會分子；這樣，「敏感」的族群才能與社會分享他的才華。

透過這些文章中的分享，我逐漸明白，敏感孩子的免疫系統比較活躍，容易有過敏反應。

但以另一個角度來說，敏感孩子的身體，對這個世界有著高度的敏感性，是造物者設計來更精確察覺與理解這個世界。

他們可能被貼上「神經質」或「龜毛」的貼紙，他們的挫敗感令人難以了解。因為受不了大的音量，或同時出現的大量資訊，所以會避免接受過度刺激而顯得「害羞」或「不合群」，往往被誤解為「難搞」或者「太敏感」。

因此，敏感的孩子更需要被接納。

記得有一次，孩子帶著苦惱的表情告訴我，他，不喜歡自己。

我知道，他覺得自己的個性挑剔，也會有著莫名其妙的情緒；特別在季節的交替時期，不只是身體的健康狀況敏感，連情緒都敏感得奇異。情緒因著季節而反覆不定，連故事書中小小的一個觸景傷情的故事都會讓他喉嚨哽咽。

有時看著他小小的背影，坐在空間的一個角落，聚精會神的逐頁翻過眼前攤著的書，就算是四周鬧哄哄的，卻彷彿隔絕著別人，也隔絕著自己。

孩子對於同儕間語言來去異常的敏感，偶爾為了表達與朋友的熟悉，而必須勉強自己；卻也因為擔心失去友誼，所以對友誼擁抱得更緊。

看著孩子可愛的臉頰上深鎖的眉頭，讓我有了「為何要強裝懂事而勉強自己」的疑問。我會好奇著，這樣年紀小小的孩子，身體裡住著多大年紀的靈魂。

我試著與孩子說話，我知道，「心」的表情也許看不見，但是透過聲音的語氣卻可以聽出端倪，聽出孩子的心情。

誠實地說，養育「敏感」的孩子是一件不容易的事，他們的與眾不同讓你覺得養育困難。他們可能戲劇性、挑剔、堅持、體貼、退縮、謹慎……耗盡父母的耐性。但他們也有著同理心、直覺強、低調的聰明與創造力。

對於環境的嗅覺、對於深層的痛苦與寂寞感受更為深刻，對於他人內心的喜悅與痛楚有著體貼與同理心。

我曾試圖改變孩子的特質，想引導孩子往樂觀、開朗、積極的方向前進，卻忘記好好檢視自己的價值觀不應該是唯一的答案。

所以我曾經沮喪、自責、慚愧，卻又快樂、滿足、感動、熱淚盈眶，在教養孩子的過程中，我用著各種不同的方式，而藉由閱讀，我站上了未曾有的「經歷」，藉由「自我分析」與別人分享的經驗，看到不同教養的生命風景。

孩子，是我進入「母親」這所學校的導師，我在不同階段學習著不同的事。生命中的許多轉彎，讓我遇見許多人、許多事，我感謝著這些相遇，讓我遇見許多不同的可能性、不同的自己、不同的生命，也讓我知道我腦海中許多的「印象」，並非全然的「真相」。

讓「敏感」的孩子融入團體生活，協助他們發展長才與優勢是一種微妙的任務。透過閱讀與同理心的驅策，我試著讓自己與孩子「說話簡潔緩慢」、「避免管理過度的刺激」、「大量表現愛的鼓勵與肯定」、「展現對孩子的信任」……最重要的是接受「敏感」是個體生命中的必然。

孩子說他喜愛小動物，因為小動物是自己擁有的，是可以信任的，就算是做錯事也仍會看著自己。於是我思考，是否孩子對於「被注意」已成為一種深藏在內心的恐懼？

而「信任」與否則是源自他對環境的不適應。

我開始接受「格格不入」可能是孩子成長的基調，也許他會與你有說有笑，卻沒打算讓你進入他的世界。

孩子與父母，像是大齒輪與小齒輪的運轉；流暢的運轉，需要良性的交互影響；而「不懂敏感」可能成為運轉的阻礙。**如果想要擁有一個與眾不同的孩子，首先，必須先讓自己「願意」面對孩子的與眾不同**。

我希望孩子可以找到與世界相處「舒服」的角度，可以讓自己放肆的笑，敢理直氣壯的說想要窩在家裡。

他們需要溫柔的引導，而成為具有創意、合作、善良的孩子。

明白孩子的「敏感」，父母才能以同理心了解「敏感」孩子的內心感受與情緒經驗。這樣，敏感的孩子才可以在內心的小宇宙中奔馳著思緒的天馬行空。也許內心與生活的底層不是那樣容易敞開，但是我期待能成為孩子的知音，讓孩子能擁抱真正的自己。

我感謝Elaine N. Aron的網站，她有許多關於「敏感族群」的書

嘉義新溪板頭村復興車站。

籍著作，也透過許多翻譯版本而幫助了許多人。

孩子需要堅定的父母，不會輕易喪氣，堅持原則，慎用處罰，並堅定的執行。

這些因著天生氣質帶來的困擾，其實反而可能成為孩子可貴的特質。

敏感的心靈，需要被認識、被了解、被肯定。

敏感，是生命中的一部分。擁有它、照顧它。「敏感」帶來敏銳的感受性與豐富的生活，請大大方方接受這位好朋友吧。

與孩子的藝術約會

不久前，我帶著孩子前往國立台灣美術館看展覽。

孩子說，那一次感到最好奇的作品是陳列在入口處的作品《戴安娜》。

逸仔與昕仔不約而同地說著，這是一件「看不懂卻很痛」的作品。

看展覽，是生活裡的休閒活動。

位在長安西路，距離中山北路與中山捷運站不遠處，有一棟紅磚黑瓦的古老建築。

這裡，是我們最常拜訪的美術館，這裡以古蹟建築作為展演空間，有著多元媒材與跨域整合，讓文化與歷史在當代藝術的場域有了強大的張力。它，也是台灣第一座以推廣當代藝術為宗旨的美術館。

逸仔與昕仔喜愛在這棟U字形的建築空間中穿梭、探險，享受著藝術創意實驗的氛圍。這裡可以看見創新且前衛的藝術展覽，遇見「藝術、古蹟、科技」的相互碰撞，在當中找到創意與結合世界議題的活動。

當代館的兩翼建築規劃為建成國中的教室。這個特殊的結合，也是世界罕見美術館與學校使用共同建物的先例。當代館除了展覽外，也舉辦配合展覽主題規劃的週末工作坊、成人與兒童的藝術創作工作坊，讓藝術能走進生活的各類相關活動。

前些時候，我與學習藝術課程的父母們分享。美術課程外的陶冶，讓孩子除了一星期一次的美術課程外，能到展場享受藝術氛圍的探險，成為假日生活的另一種安排。讓生活，有著「玩美」的體驗，對孩子的生活是一個極好的選擇。這些活動不需要昂貴的花費，卻是創作人的辛苦結晶與生活分享，無論大街小巷中的替代空間展場、美術館、戶外展出的表演、音樂會，進去享受就對了。

圍繞著伊通公園的伊通街一帶的空間，充斥著自由與藝術氣息。

伊通街一帶，有長春戲院可以看電影，四平街的攤販可以逛。在伊通公園旁有三個

替代空間，不定期的舉行各類展覽、講座等，是一個讓藝術活絡的好地方。

這裡，曾經走過許多影響著台灣藝文界的重要人物，是藝文愛好者的原始基地，在每一個開幕的場合，你還可以與來訪的創作者或訪問者自由交談。

除了看展覽外，孩子可以到一旁的伊通公園玩耍。這裡，是我餵養年幼的孩子，看展覽與玩遊戲的好去處。

前些時候，我們前去此處的藝廊，參加好友的個展開幕。

逸仔專注地看著作品，她仔細地看著顏色與線條。昕仔則是前去聞著作品說：「嗯……臭臭的。」

原來，嗅覺可以帶來視覺的感受。昕仔看見作品居然先用鼻子聞，他的行動讓我們覺得很有趣。

北藝大校園的裝置藝術。

南藝大藝術踩街的烏頭雲。

孩子學「咕咕雞」的表情。

畫廊老闆打趣地說：「以後這裡應該弄個芳香療法的空間，薰香一下。」

看展覽，是一個簡單的活動，只要願意走進去，你可以明白有一群努力生活著的人們，正運用著他們的思考創造出一個個驚奇。

不久前，我帶著孩子前往國立台灣美術館看展覽。

孩子說，那一次感到最好奇的作品是陳列在入口處的作品《戴安娜》。逸仔與昕仔不約而同地說著，這是一件「看不懂卻很痛」的作品。

作品，不需要明白，卻能感受到一股奇異的力量。

我與孩子有著一些對話，不給予答案而是聯想。我們試圖從作品中女性的特徵，像是魔手般的樹枝狀恐懼感中，讓孩子慢慢地說，慢慢地想。

他們逐漸知道，女性的特徵有著流血的傷口與強烈的痛處，那代表的是不欲為人知的私密處，一再地被如同魔手般的媒體狗仔隊追逐的痛楚。因著慢慢思考，慢慢對話而逐漸明白的故事，孩子對作品所帶來的理解，讓我讚嘆。

有些作品以環保為議題，以風災後撿拾的漂流木作為主題，結合了以海、河與複合媒材的平面創作，共構了展覽的主題。

我們一進到展場，便被那漸進式羅列的漂流木所震驚。它，有著河流般的動線，到樹枝傾瀉於作品的畫面，像是記錄著台灣的自然生態演變，與大自然中的重生與繁衍，而兒童遊戲室配合藝術展所推行的設計活動，藉由扮演、實際的操作體驗活動中，認識了藝術創作者的理念。

在觀看展覽中，孩子有時會對作品感到恐懼，但透過影像的傳達，孩子往往能看見另一個國家的貧苦。

透過發想所繪製的動畫作品，讓孩子看得興致勃勃。有時，他們在互動投影裝置的作品中，玩得很開心。

週末的假期，除了旅遊、看電影、出外踏青，「看展覽」，可以成為一個安排，那會是孩子的童年，儲存「美」的記憶的最佳場域。

孩子的伯樂

我期待，在孩子的笑聲中，知道他的開心與得意；在孩子的哭泣聲中，明白他的生氣與委屈；在孩子的安靜中，明白他的思考與決定。

人們喜愛著討論「讀書運」。「讀書運」不外乎是選填志願的方法與考試的運氣，它是人們在求學過程中需要時常面對的事情。但是讀書，除了成績，還有與同學、老師的相處，學校社團生活的經營等等。

老師，在學校扮演著極為重要的角色，更是一大早孩子上學後要見到家人以外的人。一個懂孩子的老師，就像是孩子的「貴人」。當孩子能遇見懂他、聽他、愛護他的老師，我認為對家長而言，那就是最好的「讀書運」。

因為社會的少子化，學校似乎已不再是單純的教育場所。老師的身分，過去是扮演知識領域的「傳道解惑」角色，如今隨著網路革命，似乎也在逐漸改變中。

在我的腦海裡，浮現起過去關於一本書的記憶，書中對於「老師與學生」的關係，有著令我喜愛的描述：「我想感激的老師，不是讓我得到多少漁獲量，而是捕魚技巧與面對大海的勇氣。老師教給我的是生存的基本條件，他教我面對環境與自我的勇氣、思考與表達自己的邏輯，以及願意閱讀與尋找知識的能力……」

我曾用表演者的角色詮釋自己身為老師的工作：

模仿孩子的錯誤，讓他明白自己的思考哪裡有問題，這時的老師像是個模仿天后。

學習稱讚孩子完成的每一個作品，給予肯定與掌聲，這時的老師像是個粉絲級的觀眾。

老師就像個演員，關注著台下的反應是否與自己有著良好的互動。

要留心自己在講台上的演出是否盡力、表情是否生動、口語是否清楚、態度是否誠懇、對台下觀眾群的情緒是否重視，進而隨時改進自己的演出技巧。

然而，表演工作的演員有數百、數千種，有時觀眾遇見的演員不見得是自己喜歡的那一種。所以在校園生活中，未必每個老師都能成為學生的伯樂，在老師眼裡，也未必每一個孩子都是良駒。

伯樂與良駒的際遇，不是每個孩子都能遇見的好運氣。

多數的老師喜愛品學兼優的乖學生，但是，這並不代表不專心的孩子就沒有學習能力。教育上，每個教師的理念不同，因為教師也有自身的學習經歷、原生家庭的習慣，以及求學歷程遇見的各種問題與困難。

每個孩子有自己的特質與擅長的科目或強項，其實，老師也一樣。因此，當家長聽到老師對於孩子的論述時，先別急著下定論。**當你對自己的孩子明白得越深，對於孩子的信任也越強，那麼，你便有足夠的想法作為事物根據的判斷。**

每個父母都希望孩子的學習能「多元」，但孩子仍有他想要的那「一元」；「一元」代表的是孩子的優勢與強項。他可能在某一個科目腦袋放空，卻在另一個科目上專心不已；因為每個孩子都不同，學習特質當然不同。

覺得自己沒有能力，是學生在學習上最常遇到的問題。

其實，教育的危機就是因為過度強調了資質，忽略了看不見的潛力，於是在個人的能力還沒充分發揮以前，就已被先行否定。

有一群實驗人員研究猴子的社會行為，他們將五隻猴子關在一個籠子裡，籠子上頭有一串香蕉。實驗人員裝了一個自動裝置，若是偵測到有猴子拿香蕉的動作，馬上就會有水噴向籠子，這五隻猴子馬上會被淋溼。

一開始，有一隻猴子想去拿香蕉，水馬上噴出來，結果每隻猴子都淋溼了。

每隻猴子都去嘗試了，也發現到都是同樣的結果。於是猴子們達到一個共識：不要去拿香蕉！因為會有水噴出來！

後來實驗人員把其中的一隻猴子換掉，換一隻新的A猴子關到籠子裡。

這隻A猴子一看到香蕉，馬上就想要去拿，結果被其他四隻舊猴子打了一頓，因為其他四隻猴子認為A猴子會害牠們被水噴，所以制止這隻新來的A猴子去拿香蕉。

A猴子嘗試了幾次，都被打得滿頭包，當然A猴子也沒有拿到香蕉。

接著，實驗人員再把一隻舊猴子換掉，換成另外一隻B猴子關到籠子裡。這隻B猴子一看到香蕉，當然直覺地馬上想要拿香蕉，結果也是被其他四隻猴子打了一頓，而那隻A猴子還打得特別用力。B猴子試了幾次，總是被打得很慘，只好作罷。

後來慢慢的，一隻一隻，所有的舊猴子都被換成新猴子了，結果大家都不敢去動那香蕉。但是所有的猴子都不知道為什麼，牠們只知道，只要去動香蕉就會被打。

現在，籠子裡全是新猴子。

我想，故事的結局應該是沒有任何一隻猴子會被水噴，但牠們也都吃不到香蕉。

我當下聽到這個故事時，只感到一種荒謬，它完全異於我的教養信念：「比美麗可貴的是勇氣」。

我總是告誡著學生、告訴自己的孩子：「你不需要聽從每一個專家或權威的觀點，你可以保有自己的看法。」

因為，生活裡充滿了各種可能性。甚至有時突如其來的事件，都可能改變人的一生。改變人一生的，可能是一本書，可能是一場演講，可能是一份難能可貴的友誼，也可能是一個我們無法預測的轉捩點。

教育，不只是老師與學生，有時父母對待孩子的方式也需要改變。

我省視了自己育兒與教學的過程，我發現在現代的社會裡，**我們周遭虛擬的網路與媒體過度包裝的事物不斷環繞著孩子，孩子逐漸失去接觸真實的生活，他們也逐漸忘記生命的深度與栩栩如生的作品，是來自「真實的體驗」**。

教育強調了課業的學習，人文與藝術被放置於最後。教育的重點漸漸只看見知識的傳閱，孩子漸漸習慣單一接收別人的評論或解釋，也開始恐懼做「決定」。

做「決定」需要取捨，取捨需要付出代價；人們對於代價開始缺乏勇氣。

其實，做「決定」需要力量，力量也會因著「決定」而產生，取捨後往往是盡全力的努力。

在孩子剛步入小學時，「進入補習班或資優班」的討論充斥在許多家長之間。當時，我與正在台大研究所念書的弟弟有一些想法上的溝通。其實，弟弟在讀小學時，曾有段不愉快的學習經歷，但因漸漸開竅的腦力與找到真正的興趣，後來居上的他，正享受著學習的樂趣。他寫了一封信給我，我約略剪輯了部分內容：

建構「小孩自己的學習方法」才是真正好的學習方式！

補習班教育可以幫助孩子快速地得到答案及解決問題的方法，甚至還可以幫學生做歸納整理，省去許多時間，這對考試有極大的幫助。考試需要的，不外乎記憶力、熟練度，以及迅速找到標準答案。但是對於「尋找答案」、「尋找解決之道」的能力，考試卻無法評量出來，更何況在現實的世界裡遇到的問題往往並沒有所謂的標準答案。

例如：教改怎麼改才好？我該怎麼做才可以提升業績？哪些股票會漲？目前石油價格高漲、通貨膨脹國家該如何因應？人的一生該如何規劃？我該轉業嗎？四川大地震、印尼海嘯死傷嚴重，是否有任何方式避免發生或減緩災情？電腦速度目前最大的瓶頸是散熱問題，是否有可能解決？

這些問題都不是過去經驗或解題技巧可以解決，它，也不會有標準答案。

我不算是過去傳統制度的受害者，用另一個角度來看，我應該算是受益者，因為只要

台東藝術村。

補點習、用點功，就有不錯的成績，也可以從中得到成就感。

以前我喜歡看老師解題目，欣賞老師的解題技巧。靠著小聰明，我一路過關斬將，但一直到最後，我才發現**學習的精華，不是答案或公式或考古題，而是思考解題的過程**。

透過不斷地搜尋資料、閱讀資料、分析資料、絞盡腦汁、腦力激盪、同儕討論，才會學到這工具而且不容易忘掉，最後個人獨特的學習方式也開始被建構起來。

這個步驟似乎快不得，也省不了，但是學習的效果也是驚人的，而且一輩子都忘不了。如果補習能幫助學生建立自信，那也不失為過渡期的好工具。但如果小孩因為補習而失去學習熱忱，那是非常可惜的。

小孩學習的熱忱需要大人的關心及保護。但怎麼做，似乎也沒有標準答案。

收到信後，我與弟弟聊了一下。他說，思考的方式，必須親自體驗，因為自己想過、自己尋找過。學習不是依賴補習班或他人，學習方式要自己建構。

自始至終，除了小學因為課業不好所帶來的自我形象不好外，在他的自我認知裡，他告訴自己，他是個「聰明」的孩子。「覺得自己聰明」，是來自我母親灌的糖漿：

因為覺得自己聰明，所以可以解決一切應該面對的問題。

因為覺得自己聰明，所以覺得自己可以不斷地調整與學習。

我後來了解，這個「聰明」其實就是「自信」。

每當寫到教養，我總會想著我的母親。

她對自己的教養方式，非常悠哉與自信。我們承襲了她的氣質，知道學習不用急，而世界上沒有學不會的東西。

「心臟比別人有力」是我們對母親的形容，也是我們常常誇讚她的幽默語句。

在我的生活時鐘裡，安排的第一順位是「媽媽」的角色。孩子的時間表就是我的時間表，但是我知道，自己不只是一個母親身分的詮釋者。

有時，我會開玩笑對著逸仔與昕仔說：「你們覺得媽咪聰不聰明？」孩子，當然總是給予母親肯定的答案。

但我想告訴逸仔與昕仔：「你們在我眼裡就是聰明的孩子，如果有一天被否定，你們要記得相信媽咪，相信自己。」

因為我有自信，所有的挫折都是為了讓你們經歷更深刻的美好。學經歷並不等同讓自己幸福的能力。對生活的經營，來自於用心與努力，還有對生命的熱忱。

我相信樂於思考的孩子們，會找到學習的動力，也會把握每個可以學習的機會。

記得有一次我在超市買了一包零嘴，逸仔與昕仔坐在後座，他們一邊吃著零嘴，一邊噗嗤噗嗤地笑著。他們開心地唸著包裝袋上的廣告詞，模仿著大人低沈的嗓音說：「別忘了孩子喜歡的味道。」

孩子，喜歡的是何種味道呢？

我知道，孩子的心是柔軟的、孩子的腦是好奇的、孩子的手是探索的……所以，孩子的心是要被大人明白的。

我期待，在孩子的笑聲中，知道他的開心與得意，在孩子的哭泣聲中，明白他的生氣與委屈，在孩子的安靜中，明白他的思考與決定。

懂得尊重孩子的特質，懂得鼓勵與傾聽是我的心之所趨。

我明白孩子的個性急，所以，話要慢慢說給他聽。

我明白孩子內心的完美主義，所以容易挑剔自己而沒有自信。

當孩子疲憊時，情緒容易不穩定，也因此注意力容易不集中。這時，需要確認孩子是否得到充分的休息。

這些小心，都是因著遊戲中對孩子的觀察而有所體會。

所以，當孩子沒能有賞識的伯樂時，作為「父母」的自己，就成為孩子的「貴人」吧！

後記　每一個「你」都好重要

元旦後的假期，我將整理好的圖檔寄給出版社。米爸叮嚀我說，對於出書的事在部落格要謹言一些，但是收到主編的一句話，讓我對於教養之事有了另一個感想。

當時回到家中，收到主編的來信，商討了出版時間。來信的結尾，主編留了一句話：「你的書很重要！」

我想，出版社用著這樣重視的心態面對每一位書寫者，每一個收到邀約的書寫者無不全力以赴。

上星期，是孩子面臨期末考的準備期。

到學校接送孩子放學時，昕仔上車帶著一副受委屈的表情，說著隔壁同學考滿分而嘲笑他的事。昕仔難過的並非是小考的成績，而是同學的嘻鬧讓他不舒服。

逸仔脫口說了一句：「我們並不是生來考試的小孩……」這是她對弟弟表達的關心。她安慰了弟弟的受傷，也表達了對自己學習的一種看法。

這學期逸仔當了班上的數學小老師。

在學期一開始時，逸仔曾告訴我，她對教科書裡數學的理解有著越來越多的疑問，她希望我購買一些評量卷，但為的不是她自己，而是她想要協助其他同學有著更多的練習。這些考卷，是為了方便她幫同學複習時使用。她說：「媽咪，其實有很多題型我也不太會，但從教他們的過程中，從他們的不明白中，我也看到自己不懂的地方。

「我找了班上一些數學比較好的同學一起互相研究，我也進步了！」

我知道，逸仔喜歡大家一起進步的感覺，目前的她對於競爭還有許多的懵懂，所以，同學的進步在她眼裡好重要！

我心裡也感嘆著，在經過競爭與社會化後，孩子還能保持這樣單純的想法嗎？讓孩子有挫敗的經驗，是好或不好？

我想著逸仔當初進小學一年級時，因為沒學過英文，從A到Z的順序搞不清楚。課後指導的英文老師看著逸仔那要努力很久的考卷，有著極大的壓力，因為班上同學都是考九十分到一百分。

有一天，課後指導的英文老師在我接逸仔下課時，忙著過來握著我的手說：「Janet的媽媽，你有一個令我感動的孩子！」

Janet是逸仔自己取的英文名字，意思是上帝的恩賜。

我有些傻眼的看著老師，笑著說：「Janet幫你打掃英文教室了嗎？」 老師激動的說著：「剛剛指導她的時候，我因為她成績進步的緩慢而感受到一股壓力，想不到Janet說了一句令我意外的話。」她說：『老師，你要對我有信心，我會慢慢進步的……』」

我告訴老師：「逸仔對自己英文起步晚有一些壓力，因為那些考一百分的同學老是取笑她。她明白想考好卻老是考不好的心情。

「她之所以這樣告訴您，是因為她知道您的指導好重要。她不放棄自己，所以也希望您不要放棄！」

老師激動著，我內心也感動著。我明白自己對她說的每一句話都在她那小小的身軀裡身體力行了。

現在，逸仔常用自己學英文的例子，作為對班上同學的鼓勵。

我不喜歡將學習重心放在孩子的獎狀與成績上，因為我所認知的親子關係，不應該因著考卷而被迫轉型，即使我明白有許多關心是因著對於孩子未來的擔心。

米爸過去曾念過放牛班，他知道被放棄的感受，所以更用心驅策自己不要放棄學生的每一個可能性，

雖然環境的價值觀常常予以打擊。

在言教不如身教的口號下，專家的話語帶來了標的。

我常笑說，專家的話語如果能有效執行，那麼也不會有這樣多的專家了。

在強調這些學習次序的同時，我們是否先看到了隱藏在內心中，對自己生命的接納與尊重？如果，我們對於身邊的人有著「你，好重要！」的理念，那麼我們身處的環境會有多少的改變？

挫敗的經歷，讓孩子可以明白每一個人的「盡力」有多麼的重要，每一個付出與給予可以帶來何種的鼓勵。

逸仔的老師在我前去參加校慶活動時，向我誇讚了她有著「掃把」精神，能吃苦也很熱心。我想著，因為指導別人，進而發現自己的問題，因為擁有過挫折歷程而更懂得鼓勵人，是我認知中重要的教育精神。

在強調「做自己」的同時，是否真的「明白」自己？

對於教育，我們置放的順序是什麼？

回想當初在美國申請學校時，猶豫該待在東岸或西岸的我，因著上Master Class，任教於康州常春藤名校與紐約知名音樂院的 Ronald 老師邀請，我申請了他所任教的學校。當時我已確定原就讀的博士班可以給予獎學金，決定前去的理由純粹因著在他眼裡我是一位「重要」的學生。

收到Ronald老師任教學校的錄取通知外，也收到其他紐約各個學校的錄取通知，這對於在過去大學時期沒有耀眼成就的我，是一個鼓勵。

但是，當我看到入學通知少了全額獎學金的補助，喜出望外之餘，連忙與系務聯繫，卻收到一個這樣的回應：

「我們需要的學生不只是smart，也要rich。」這個回應真的讓我非常驚訝。因著這事件，我開始真正思索，追求有著光環的學歷是否只是為了將來的就業順利？

幸運的，因著這個獎學金閉門羹的理由，我做了另一個選擇，因此遇見了一位深深影響我的演奏家。

無論學生們來自何地，他不在乎你身上是否帶著獎狀，背著光環，總是全心全意的看待他所指導的每一位學生。

雖然偶爾會因為挑剔而發脾氣，或是希望學生力求上進而嚴厲。但是，我在他身上看見「你，好重要！」的教學，與使命必達的教育理念。

許多的偏遠學校都有著一群盡心盡力的老師，對他們而言，「愛」從來不是虛偽的口號，雖然沒有商周百大，沒有電視媒體的關注與報導。

在資源有限的貧乏之下，老師無私地秉持著「你們，好重要！」的具體行動，在別人眼裡忽略的偏遠環境中，努力實踐著每一個可以幫助任何一位學生的環節。

這些經歷，我逐漸明白，一個人是否為「井底之蛙」，不在於出國深造與否，不在於成就是否「國際化」，或是人脈通達與知名度的擁有，而是一個人將生命的重量放在哪一個位置的基準點。

孩子，是我就讀媽媽學校的博士班學分，教科書的厚重非人人所能想像。

不管多麼煩惱猶豫，對自己選擇的道路負責，生活方式是自己可以決定的。

如果我是孩子，我想對身邊的人們說：

我可以勇往直前，是因為有你（們）的注視；我可以變堅強，是因為有你（們）在身邊陪著我；因為你（們）的重視與改變，於是我成為在你（們）心中佔有一席之地的存在。

看著夢想、心境的逐漸具體成形，沒有比這更幸福的事。

每一個孩子可以因為「你，好重要！」而展開笑容，是一件更棒的事。

每一個「你」都是無可取代的存在。

米媽「海頓四重奏」暨新書簽講會

主講／演出：米媽（《母親，是另一所學校》作者/「米家的慢走與樂活」格主）

演出曲目：海頓四重奏第一樂章（雙簧管—米媽、大提琴—莊心怡、中提琴—陳庭漢、小提琴—黃姿維）

時間：2010年06月12日（星期六）下午3點30分到5點

地點：紀伊國屋微風店（台北市復興南路一段39號5F　電話：02- 27212304）

報名電話：**02-27494988**（免費入場，額滿為止）

國家圖書館預行編目資料

母親，是另一所學校／米媽著. --初版. --臺北市:寶瓶文化, 2010. 05
面； 公分. --(catcher；39)

ISBN 978-986-6249-07-5（平裝）

1. 親職教育 2. 子女教育 3. 生活教育
528. 2 99005942

catcher 039

母親，是另一所學校

作者／米媽
主編／張純玲

發行人／張寶琴
社長兼總編輯／朱亞君
主編／張純玲・簡伊玲
編輯／施怡年
美術主編／林慧雯
校對／張純玲・陳佩伶・余素維・米媽
企劃副理／蘇靜玲
業務經理／盧金城
財務主任／歐素琪 業務助理／林裕翔
出版者／寶瓶文化事業有限公司
地址／台北市110信義區基隆路一段180號8樓
電話／(02)27494988 傳真／(02)27495072
郵政劃撥／19446403 寶瓶文化事業有限公司
印刷廠／世和印製企業有限公司
總經銷／大和書報圖書股份有限公司 電話／(02)89902588
地址／台北縣五股工業區五工五路2號 傳真／(02)22997900
E-mail／aquarius@udngroup.com

法律顧問／理律法律事務所陳長文律師、蔣大中律師
如有破損或裝訂錯誤，請寄回本公司更換
著作完成日期／二〇一〇年二月
初版一刷日期／二〇一〇年五月
初版三刷日期／二〇一〇年五月四日
ISBN／978-986-6249-07-5
定價／三〇〇元